文丛

沐心 文丛

# 文心不雕龙

周泽雄 著

希望出版社

# 策划人语

水木合一，“沐”有清华之象。

水之清幽，花木之美丽，用汉字的形意想象，就会造出一个流水润润、草木萋萋的“沐”字，美妙无比。

初民常用这“山水花木”，沐饰身心。

木驻足于水边，水牵手于木，这两个自然意象的组合，被古人顶在了头上，盥洗长发。这个“沐”字好。

“沐发”，在过去是重要的修身仪式。身之发肤，受之父母，因此，头发要以“沐”涤之。头发就像身体之木长出的花草，是思想的延伸，沐之，思绪才能轻扬而不会下坠。

《韩诗外传》卷三、《史记·鲁周公世家》都讲了一个同样的故事。周武王的弟弟周公旦“一沐三握发”。是说他“沐发”时，三次握着湿漉漉的长发，跑出来听取贤才的意见。那时，思想者有福啊。

涤荡污垢是“沐”的原生意义，而润泽人心则是它引申出的仁厚造化。世间万象，唯以水木之二元，洗涤精神，润泽心灵，人生才干干净净。

看来，人需要水木，缺水少木，就会不舒服。从“沐发”到“沐心”，是个脱却俗尘的过程。

以饱蘸水木的文字，辑成带有书香的花洒，去浇灌精神的种芽，铺植心灵的绿茵，这便是“沐心”丛书的由来。

“沐心”与“启蒙”不同。“启蒙”是个居高临下的词汇，有一人对一群的优越感。“沐”，自有它的精神高处，但那高处却在每一位个体的日日洒扫应对中，就像一位勤恳的园艺人，精心侍弄他的花草。如果那花草是一朵心灵的话，那么每一片花瓣，都会成为支撑每一个个体的精神基石。

“沐心”，沐的不是“天地之心”“宇宙之心”，而是“自我之心”，是在文化上自觉的个体性。因此，“沐心”丛书，就是每位作者自我意识的结晶。他们的文字也许不是高高在上的精神领袖，却是作者各自独立的“绝活儿”。

刘刚《思想的款式》，乃思想脱离既定体系回到思想本身的“反求诸己”，逃离体系，却非裸奔，他有了自己的“款式”。

这是一本语录体之书，它的姿态短小精悍，但风格睿智，直击文明的本质，展示文化的样式，接诊历史的病态。

刘刚对汉语的自觉，带来一种文字的洁癖，在这本书里，他不仅仅以文字，更是以思想之重，力透纸背。

刘刚的思想带着一种强烈的自我意志，放射着阳光般的提升力量，向上提撕人的灵魂，无论你愿意与否，也无论你是否懂他，他都会紧紧地抓住你，绝不松手，直至你无法下沉。

他的思想高而阔，而他的叙述却行文如诗。他曾以诗人的脚步走近孔子，倾听孔子命运的耳语：

我疲惫了，
真想躺下来，
可腿却不听使唤，
仍要不停奔走。
是命运给腿，
上紧了发条？
是腿有了意志，
与思想分道扬镳？

这是他在《中国史诗·天命、革命及其他》中的一段。

更多的时候，刘刚是个思想者，诗人的气质却总在思想里游弋。诗言志，在他是为宣泄满腹的历史情怀，史诗则是他表达对自由渴望的最佳形式。因此，以诗言史，他从未停下来。当他的理性与诗情遭遇庄子时，他想起了“自由的寓言”，他认为，中国历史上对自由的追求，曾经寄居在寓言里，这便是他的《中国史诗》第二部。

刘刚对学术有抱负，他以大历史观的角度进行价值重建，他像建筑设计师一样，描绘了一座“文化的江山”的历史样式。美的江山要有美的抒写，虽然美的存在是有时间性的，但文化的江山之美，则早已穿透时间化为美的理念而永恒了。这便是刘刚、李冬君夫妇二人的第一部合著《文化的江山——重读中国史》。

《通往立宪之路——告别晚清的近代史》，是他们夫妇二人合作的第二部著作，这是一场硬碰硬的思想抒写，面对“救亡图存”的主题，一切诗情画意都被冰冻，像冰凌高高挂在喜马拉雅山上。而思想则冲破反帝反封建的界限，超越“师夷长技以制夷”的边界，站在世界史的格局上。一旦把中国近代史当做世界史来看，把晚清史与近代史区分开来，就会看到作者笔下的每一位个体甚至小人物，在通往立宪之路上的惊人之举。即便那些在清朝体制内进行各种有利于近代化行动的人，都是一种同专制集权的博弈，自觉或不自觉地都在通往立宪之路上。

周泽雄的《文心不雕龙》，“雕”什么？“雕”自我，那是一个“毋过度”的自我，向我们展示了“有分寸的自由写作”。

一个真正的自由写作者，文心本该不雕龙，如果这只龙指的是高高在上的“文学艺术为政治服务”之龙。“文心”在周泽雄的艺评文字里，总能呈现一个独立、自由的个体写作者的纯粹姿态，那姿态优雅，分寸得当，让你不得不信文字一定与教养有关。一个常常在逻辑、常识里厮混的精神贵族，的确与“龙”没什么关系。

说到一个真正的自由写作者，周泽雄恐怕是最早脱离体制、以文字谋生的人。自由写作的分寸，他拿捏得恰到好处，是因为他对文艺批评始终怀有学术的敬意和职业的操守。但他的行文绝不端着学术的架子，文字严谨在机智里灵动，思想犀利在幽默里游刃；铺陈起来，曲径通幽转而柳暗花明，一路留下明人小品间或英式随笔的散淡余香。给阅读提供的享受，是化淤通筋脉，除了会心一笑，还经常会因想念他的某一句话而重新开始对他的阅读。

《说文解气》《当代眉批》《望文号脉》《青梅煮酒》《耳朵的立场》以及与张远山合作的《齐人物论》，在中国文艺批评界，都是响当当的重锤。

特别是《性格卡片》，作者以其一贯的文风，竟然雕刻出人性的八十个棱面而无一重叠。读之，忍不住要对对号。

李冬君的《一年景》将自我的方方面面，集约化为一年之计的美学光景，使之融于历史与文化，放置在审美的当下。

当人有了四季的经验，思想之翼常常会嫌季候太长，于是浓缩了自然的轨迹，将春生夏长秋获冬藏的功德，塞进一本书里，流于文字的格调，竟然成就了文章的四季，这便是她《一年景》的由来。

在四季流转中，女人也许会更为感性地追逐色彩的变幻而趋于浪漫。李冬君的随笔散文，把“一年景”作为人生的背景，从她的文字里，总能嗅到四季的芬芳。春天思念茶香；夏日竹席上，有纸扇摇来的暗香；秋月，捧着古玉，遥想着千年的神秘幽香；冬雪，阴郁的历史里也能嗅到无妄的冷香。

她的文字，也许会在冬天簪一朵春花、戴一枚秋叶，但决不会在夏天穿棉袄。

她的散文充满四季的味道，常常在思想的花园里随意漫步，写作的欲望追随瞬间的感悟，从不预设专业“自留地”，她的兴趣有时真像章鱼，触手在水里四处漫游。

《落花一瞬——日本人的精神底色》，是她对日本茶道、花道以及武士道等道文化兴之所至的随笔，一不留神，竟有人把这本书与《菊与刀》相并，还有日本老教授称，日本人要了解日本文化，应读此书。

《孽海自由花——一代名妓赛金花“出走”以后》，是写1900年的两个女人的故事：一个女人顶着国母的桂冠，率一干王朝人马西逃；一个沦落于社会最低层的女人，在北京总想从八国联军手中救人。

《儒脉斜阳——曾国藩在官场和战场》《孔子圣化与儒者革命》等，也都包含独特的历史文化见解。

她常因某种触动而获得意外的收获，诸如翻译《国权与民权的变奏——日本明治精神结构》以及《叶隐闻书》。

好了，就到这儿吧。

这三位作者，是能够占据我心灵的精神朋友。我想，我很想，为“沐心”开一个书吧，能让作者、书者、读者，坐在一座小草庵里，泡茶聊天，心灵在茶汤里碰撞，沐浴茶香。

# 自　序

辑入本书的文字，是文学批评，也是文学随笔；它们围绕着写作，也试图捍卫写作。

文章大多写于最近两三年，少量篇什写于较早时期。几乎每篇文章都在报刊上发表过，如《南方都市报》《东方早报》《南方周末》《文汇读书周报》和《大连日报》等。在编辑审订时，本着“作者有义务将最妥适的文字交给读者”的信念，我又做了些修改润饰。交寄书稿前，一如以往，我并未萌生自豪之情，只希望减少些忐忑。我国虽然有着最为庞大的人口，但我只为心爱的文字主顾写作。“文字主顾”是个动人说法，最初见于鲁迅笔下，大获我心，遂依照鲁迅之教，把它“拿来”了。

视读者为文字主顾，也就同时视自己为一个文字小作坊主。我自忖的形象大概是这样的：像一个每天按时卸下门板、开门迎客的小业主，在一个民风淳朴的小镇里，凭自己那些算得上本分劳作的文字产品，接受新老主顾的光顾。这个志向不大，但我乐在其中。凭此还能谋得一份生计，足以让我感谢老天。

我同时编的另一本集子《异议的魅力》，大概会与本书同时出版。《异议的魅力》侧重于公民批评，说大点，也可概括成“知识分子批评”。文学随笔是我的至爱，公民批评则多少体现了一点责任和担当，两者之和，约略概括了我最近三年的文字课业。

和前一本文学批评集《望文号脉》一样，这本新集子的书名，亦拜老友刘刚先生所赐。在这个缺乏佳话的时代，一位老友能够两次为我提供书名，至为难得。

我的电子邮箱是：zhouzexiong@ gmail. com。再次期待您的垂顾和指点。

周泽雄

2012 年 3 月 28 日 于上海梅陇

# 目　录

# 不着四六的“四六体”

读到一个帖子，有网友将余秋雨先生和魏明伦先生近期为两处公共景点撰写的骈体碑文进行优劣比较，并提供了原文。我讶其拙劣，顿觉两眼一黑。

有些能耐，得自一种时间差。对于疏离繁体字的现代青年，有人仅仅流利地写出一手繁体字，就足够赢得满座尖叫了，而搁过去，根本不算本事。骈体文也是如此，除非有人能写出“落霞与孤鹜齐飞，秋水共长天一色”，否则，它在今人心里产生的敬意，不过是时间放大的幻觉。唐德刚先生曾对《今古奇观》里一段“乔太守‘乱点鸳鸯’”的骈体判词大加赞赏，誉之为“掷地有声，铿锵之至”。我们知道，当年从事白话小说写作的作者，并非一流人物，大学士冯梦龙可能对内容做了些修改润饰，而其真正的作者，早已湮没不彰。我的意思是，即使写出如此“掷地有声”的骈文，也未必仰仗公认的蟾宫折桂手。假如仅以写得像那么回事为标准，当年任何一个村秀才，都不会把排列几行“四六体”视为畏途。因为，该文体以“两两相对”为特征的表达，最大限度地体现了语言的机械性，也把句子结构的难度降到最低，寻常书生只要稍加修习，不难写得像模像样。

如是描情状物，骈体文自具优势，其中道理古人虽不及知，说来却并不太难。当作者致力于描情状物时，他那枝文学笔，临时客串了画笔，而对称、对比等手法，乃是视觉艺术中经久不衰的法宝。电影的蒙太奇手法，高明处往往就是拿对比强烈的镜头进行组合，当战争紧挨着和平，婚礼紧接着葬礼，总能最大程度地营造视觉冲击力。以古喻今，此类手法直如视觉化的对联，我们读六朝骈文翘楚《与朱元思书》，如“风烟俱净，天山共色。从流飘荡，任意东西。……横柯上蔽，在昼犹昏；疏条交映，有时见日”，所得美感，颇似欣赏一部高明的风情 MTV。

说到骈体文之饱受诟病，我想提及一个古人未予深察的原因：骈体文在描情状物上有多先进，它在思维等级上就有多幼稚。受制于“两两相对”模式的牵引，骈体文不得不陷入对偶式思维的魔咒。公正地看，对偶式思维更像是一种巫术，当其借助文字的形式美感煽惑读者时，亦使巫术效能臻于极大。盖因道理不是情侣，虽不排斥出双入对，但绝不固执于成双作对，若强行嫁接，等于把真理弄成床戏。当写出“分久必合”之后，不动脑子也能凑出“合久必分”；当写出“信言不美”时，甚至都无法阻止“美言不信”的出现，先人遂在某种程度上把道理弄成填空游戏了。恕我鲁莽，尽管后句出自堂堂老子，但我并不想掩饰对它的轻视，因为我觉得，老子陷入了一种韩非式“自相矛盾”之境：只要我们觉得“信言不美，美言不信”里还含有语言美感，它就恰恰构成了对老子立论的否定。此虽特例，但也折射出骈文之咎，试图用语言的形式美感来加强逻辑力度，遂致走向反面。

诚然，撰写碑文时，骈体文仍具优势。说穿了，志在歌功颂德的碑文，本不在乎阐述真知，它本质上就是一种礼仪化文体，须臾离不得装腔作势。因此，但凡意在使文字走出仪仗队步伐，同时令其具有汉白玉或青铜的质地、耸出华表的效果，骈体文都是不二之选。我篇首提及的那两篇碑文，除了在行文层面一无是处，即便在最起码的态度上，亦毫无足取。余文在扯了些徒贻人笑的大话后，竟然还忙里偷闲地来一番顾盼自得，道是“方落数语，已烟霞满纸，心旷神怡”，全然无视碑体文应具的庄严法相。魏文也好不到哪儿去，作者昧于碑文的礼仪化要求，试图用一些插科打诨的杂文笔法，装点自我，调戏山川，取媚读者，甚至写出“国际歌回荡，地球村旋转”之类让人愕然的句子。我想，既然作者志存高远，决意用全球化视野来提提气，他总该对《国际歌》的审美认知略知一二吧？毕竟，好莱坞曾有过把《国际歌》当成恐怖活动背景音乐的构想。至于不知所云的“地球村旋转”，刚刚看过科幻灾难片《2012》的观众，大概只会联想到地球板块的致命漂移。对照堪称碑文鼻祖的秦相李斯，两文之庄谐失控及轻浮油滑，尤为触目。当年秦相李斯撰《泰山刻石文》，后人在肯定“其词特庄”之后，又评点道：“秦相他文无不詄丽，颂德立石，一变为朴浑，知体要也。”可见，“知体要”乃是操持该文体的入门心法，连这点认知都不具备，只是一味唐突汉语，自我抬举，结果只有一个：无辜江山，横遭墨猪荼毒。

此类文字，本来不过是几个好大喜功的地方官吏弄出的商业策划，并不值得在文章层面加以评议。但虑及庸官源源而无尽，两位自我感觉超好的文人又绝无藏拙守愚之意，可见的后果是，今后我等行走江湖，常会猛不丁撞上此等恶碑劣墨，不免大感人生无趣。不得已，只能嘀咕几声。“学六朝不善，不过如纨绔子弟，熏香剃面，绝无风骨。”这是当年袁枚的忠告，临时拉来，聊充小文之收场白。

2009 年 12 月 15 日

# 批评的前提

“我的确时时解剖别人，然而更多的是更无情面地解剖我自己。”这是鲁迅先生的名言，出自《写在〈坟〉后面》一文。

这句话是否值得商榷，取决于我们如何看待它。假如我们视它为鲁迅先生的“夫子自道”，并打算通过它加深对鲁迅性格和文风的了解，这句话就提供了一个很好的台阶，方便我们拾级而上；如果我们不愿就此止步，试图把它放大成一条真正的格言，用以指导后人的批评实践——正如一些人常做的——就颇可商榷了。

其实，鲁迅只是坦然介绍了自己的做法，并非有意提供一种榜样。就在这篇文章里，鲁迅提到：“倘说为别人引路，那就更不容易了，因为连我自己还不明白应当怎么走。”《写在〈坟〉后面》按体例只是一篇跋文，那通常是作者与读者谈心之所。鲁迅此文也是如此，当鲁迅表示自己常常“更无情面地解剖我自己”时，他确实只是在向那些“偏爱我的文字的主顾”说说心里话，而不是向大众郑重“绍介”批评的原则及方法。

所以，站在鲁迅立场上，他如此表白，只能使我

“开卷有益”，而不会让我产生困惑。困惑缘自他人不恰当的引用。我偶尔在他人文章里发现，他们把这句话抽离出文本语境之后，又一厢情愿地把它升华为一种批评准则。由于任何出自鲁迅先生的格言，在我国都难免成为一种榜样，结果，我们似乎受到了如下告诫：要批评别人，必须先勇于自我批评，只有像鲁迅那样“更无情面地解剖”过自己，我们才有资格批评别人。

在我看来，这纯属胡扯。不仅乖违了鲁迅原义，还把鲁迅的见解庸俗化了。

我想，就算我们非要把这句话视为批评方针，它大概也只适用于街坊里巷或所谓“班组学习”等场合，而无法在真正的公共批评及文学批评里指导实践。邻里闹纠纷时，那位出面仲裁者，一般就需要具备若干为人认可的美德。假如大家断定他是那种“手电筒性格”，只照别人，不照自己，他的居间调停，就不会得到尊重。国人擅长的班组学习，不管成效如何，表面上倒也需要强调一下“批评与自我批评”，这当儿，所谓“自我批评”，俨然成了一张批评别人的有效执照：我之所以有权批评你，正在于我已履行过“自我批评”了。作为一种程序的“自我批评”，赋予批评者额外的道德优势，使他得以无后顾之忧地批评别人。这说来也有点虚伪，因为它给人这种印象：“自我批评”是假，批评别人才是真正的“醉翁之意”，从结果来看，自我批评甚至构成了一笔交易。就此而言，即使我不认为那叫虚伪，也难免觉得对方庸俗。

当然，如果只是涉嫌庸俗，问题还不算严重。误读鲁迅名言的更大危害性在于，它歪曲批评的本质，把原本“大路朝天”的公共批评引入一条阴森的道德批评窄巷。我们有道德文章的传统，一种高调道德通常总会给人带来压力。假如张扬道德有利于道德的提升，倒还算一桩美事，怕的是，道德未能得到强化，批评的本质反弄得不伦不类。真正严肃的批评，依赖于针对文本的客观化力量，与批评者的人格并不具有必然关联。批评不是交易，它强调事实，注重理据，只要言之成理，持之有据，批评即告成立。至于批评者是否先行解剖了自己，根本不属题中之义。比如我写一篇揭露剽窃者的文章，难道为了证明自己的批评资格，我还得不惮篇幅地介绍自己平素是如何遵守行文规范的吗？

看来，放大鲁迅名言，使之有意无意地成为批评的标杆，还会偏离批评方向，导致一些人不在批评的理据上用力，专把工夫花在道德展览上面。这既非鲁迅先生的本义，也与真正的批评原则相龃龉。恐怕，我们还是把这句话原封不动地还给鲁迅先生，拒绝对它进行深度开发，较为稳妥些。

2009 年 3 月 28 日

# 变态的文学人格

> 季羡林是散文大家，世所公认，不过对儿子来说，父亲的散文情结其实是“悲剧情结”的并发症。婶母死时，“没有任何表示，没送鲜花，没有挽联，当然也没有去参加告别仪式，后来倒是有了一篇散文”。妻子死时，“没有送鲜花，没有去吊唁，没有去告别……后来倒也写了一篇散文”。女儿死时，“没有送行，没有送花圈”，后来写了一篇散文《哭婉如》，知道女儿对自己有意见，就没发表。……实际上大师的散文，外人看得津津有味，儿子、女儿都不爱看。

这段文字里的引号部分，出自季羡林家人，读来真是“别有一番滋味在心头”。其中或有家庭纠纷因素，外人无从置喙。若姑信其真，同时把季羡林先生暂时马赛克化为“作家甲”，我们看到的乃是文字与现实的脱节所造成的人格分裂：文字功能被限定在矫饰和美化情感上。作家甲只要全力经营自己温柔慈爱的文学形象，就可在现实人生中无所顾忌地冷漠，越是自己不具备的美德，越要在文章里大加涂抹。文章才是千古事，文章会凸现作者意欲展示的尊容，同时遮蔽其试图隐匿的恶形恶状。文学与生活构成一种恶性互动，并反向助推了文学、生活上的双重人格。文学与现实的反差错位，只在那些熟悉作家甲的熟人眼里会形成惊愕或恶心感，但知情者深感厌恶之日，八成正是普通读者盛赞“大师风范”之时。

可以将此视为一种文学欺诈，对于深受作家甲伤害的家人来说，这种欺诈迹近不可容忍。但普通读者呢？比如我，既不明其中真伪，又缺乏核对真伪的条件，我由此获悉某位大师级人物有着迷人的人情味，肯定有益而无害。当然前提是，这个谎言不会被戳破。核对生活事实与分辨抽象道理不同，前者非得亲历亲闻，后者倒可以在书斋里推演辨析一番。通常，一名作者在文字里大肆提升自己的风雅系数、慈爱系数，读者是没有法子可想的，并且，我们的阅读体验总是与人为善的，鲁迅所谓“不惮以最坏的恶意来推测中国人”的做法，只能视为一种个性，绝非人情之常。因此，对普通人来说，非得到谎言戳穿之时，才会惊觉其诈，这当儿，越是老实本分的人，越可能激发出“最坏的恶意来”，他们一怒之下还可能对作者乃至世道做出过分的恶评，一名大师级人物出此下策，极可能连累读者对其他作者产生无端怀疑。这不公平，但这就是生活。当个别女人抱怨“男人都不是好东西”时，不是也只受到一两个男人的欺骗吗？当上海作家中出现个把被人指指点点的家伙时，出生并生活在上海但与上海作协素无关系的本人，不也会横遭某种白眼吗？

稍稍回想，类似文字并不罕见。曾在报上读到作家乙的文章，内容是对作家丙的赞叹，对于不了解两位作者现实品行的读者来说，他们看到了一种足以进入《世说新语》的举止修养，举手投足俱是名士风范，一咳一唾无非山林烟霞。不巧的是，两位作者我都略有耳闻，他们当然不是坏人，但要把他们列入当代竹林七贤谱，我还不如夸姚明先生身材小巧玲珑呢。

“修辞立其诚”是一项可敬而又略嫌古板的告诫，而“修辞立其伪”又有着迷人的诱惑力。这和美食一样，辣椒没有改变鱼头汤的营养，却实实在在地提升了鱼头的外观和口感，并引诱你频频下箸。试以董桥先生的文章为例，我们肯定都对当今世界人文气息的沦丧深感痛心，坊议热词里的“民国范”也能折射一二。但我们在董桥先生的文字里，却看到了大量雅人雅事。依今日世界的伧俗程度，实难想象会有这么多风雅之士同时聚集在董桥周围，正如我们不能想象全世界的天鹅同时飞往一个小湖泊。依我愚见，实情多半是，董桥先生对文章的审美认知，要求他必须为自己制造出大量高朋雅侣，只有把笔下人物个个想象成魏晋名士，他才能找到执笔的冲动。因此，董桥笔下的人物，充当了董桥式审美的道具。大英雄不杀无名小卒，大名士不写村夫俗女，如果没有那么多名流才媛的情事可写，那就虚构罢。反正，揆诸世态人情，经如此美化的人士，多半是会笑纳的，正如数码摄影师把姑娘的脸蛋修饰得白净动人，不用担心对方柳眉倒竖。

可见，“修辞立其诚”的反面乃是“修辞立其伪”，至于“修辞立其美”，则不仅可以通融，甚至还能愉己愉人。所以，上述对董桥先生的评价，只是一个随机参照，并不代表异议。尽管，我也没有过多地表示欣赏。

作家甲的做法，就当别论了。具体该如何论，如我之前所说，我的办法不多。作者的自我吹嘘或美化，并非总能得到揭露，而身为读者，读书时老是睁着一双城管抓小贩的眼睛，整天留意作者是否有诈，肯定也不是个事儿。我的办法也许不值得推荐，但还是汇报如下：除非有可供检验核对的旁证，否则，拒绝信赖任何有美化作者之功的单方面表述，无论他在写一件好人好事，还是抒发一腔道德情怀。理由是，一位作者竟然有闲心书写自己的赞美诗，这首赞美诗多半没啥了不起，即使错过也损失不大。毕竟，更有道德感和羞耻心的作者，是不会这么做的。再则，作为一个成年人，我没有通过作者自述的事迹来提升道德良知的阅读需求，我更在乎智力的增进和趣味的分享。泛泛地说，我承认作者有权写任何东西，但一位作者老是写些只对增进自我形象有益的内容（无论是否出于双重人格），决非一项值得鼓励的爱好。说白了，我将此视为一种变态的文学人格。

2011 年 5 月 30 日

# 文学无需政治效劳

“事实上，我的政见中有一个很重要的概念：海峡两岸在过去的几十年中，尤其是在威权的年代，文学很多是为政治服务的，但是我在做台北市长的时候就提出来一个观念，现在要倒过来，政治跟行政要为文化服务，要为文化界排除障碍，让它有更广阔的空间，这个是我们政治人物应该做的。”这是马英九先生在“21 世纪世界华文文学高峰会议”开幕式致辞里的一段话，《南方周末》转载这篇致辞时，拟的标题是“政治应该为文学服务”。

乍闻这个标题，恐怕没有谁比大陆作家感受更深了，当时在座的王蒙、刘心武和高行健诸公，或许已闻之泫然——假如他们此前没有喝多的话。这句话的能量之源，来自对“文学为政治服务”的颠覆。通常，把颠倒的东西再颠倒回来，总有一种别样震撼，而在颠颠倒倒之间，我们的耳朵和心灵也会因瞬间蓄满沧桑，一时呆若木鸡。

好在，我距现场千里之外，再加泪囊不丰、生性缺乏将政治人物的场合性言论视为“重要讲话”的嗜好，所以，还是觉出此论大可斟酌。

在过往年代，文学只是无数次地得到政治家的训诫，至于“文学为什么必须为政治服务”，则从未得到有说服力的阐述。可见，“文学为政治服务”并非一个够格的学术命题，将其颠倒回来，也未必会咸鱼翻身。借用钱锺书先生《管锥编》里的妙喻：把棍子颠倒一下，还是一根棍子，把热铛烧饼翻个身，依旧是只烧饼。

文学与政治有着千丝万缕的联系，文学难免要表达作家的政治态度或政治立场，按一些极端说法，拒绝表达政治态度，也是一种政治态度的鲜明表达。反过来，现实政治难免对文学施加影响，即使作家遁走桃花源，亦是影响之一。不过，我们此际面对的关键词是“服务”，我们必须探询文学与政治是否存在一种服务与被服务的关系。对此我不得不说，这层关系只存在于扭曲或拟想的格局中，就理想态的文学而言，压根没有。“服务”是个陷阱式说法，我们最多在历史意义的范围里，承认“政治为文学服务”的表述包含若干进步性。事实是，我们头顶的月亮会为夜行客提供照明，但夜行客无权认为月亮正在提供“照明服务”。文学与政治也是如此，双方尽管存在种种互动，但一方无权视另一方为服务者，一方也不必以伺候另一方为己任。伟大文学家的眼光远非世俗政治家可比。政治总以立足当前利益得失为上，一个无视眼前困境而一味寄意遥远的政治家，很可能是个昏君；文学家则不然，他要是只为当前读者写作，只在乎一时虚誉，通常也就与伟大无缘。可见，政治家与文学家的时空观都大不一样，评价体系及标准也判然有别，他们越少聚在一起开会喝酒，对彼此的工作恐怕越有利。政治家总以关心民生福利为宜，文学作品虽然会为民众提供精神食粮，本质上却不属于公共福利，其影响更不会囿于一时一地，政治家的杠杆撬不动文学界的指数。

当然，具体到现实，“文学为政治服务”与“政治为文学服务”还是分出了轩轾。简单地说，强调“文学为政治服务”势必给文学带来巨大伤害，政治家倡导“政治为文学服务”，却至少没有什么坏处——尽管好处也谈不上，因为我们无法想象有一位潜在曹雪芹会因此而笔墨奋发。政治人物向文学展示一种华丽的俯就姿态，主要是服务于自身的统治策略及形象展示，文学本身则无需对其抱有“若大旱之望云霓”的渴盼。对文学来说，“政治为文学服务”只是一句华而不实的客套语，它充其量对政治家本人存在种种妙用而已。把话说白了，哪怕政治家在红地毯上授予某些作家以荣誉奖章，未来的文学史也会不屑一顾。

文学的生机和命脉，在于保持天然野性。文学虽然不耐挫折，但也消受不起过度关怀。昨天在小区楼下看到一遛狗人，不仅给爱犬穿上花裙、剪去皮毛，甚至，还为它装上了精美假蹄。诚然，此举透示出主人的勃勃爱心，惜乎狗变得不成狗样，竟因此走出一种狗步芭蕾的步态。我实在看不出，走出这种步伐的动物，为什么还叫“狗”而不是“狗妖”？同理，文学不需要额外摧残，但不等于说它应该谋求额外关怀。政治家声称为文学提供服务，实际效果不会优于爱心人士打算为喜马拉雅山披一件硕大的毛毯。众所周知，喜马拉雅山并不怕冷。

小文感兴趣的，乃是文学与政治间的“服务”关系，并非对马英九先生的表态心存不满，如前所言，相对于“文学为政治服务”，马先生的说辞已经足以让座下个别老作家叹息弥襟、老泪纵横了。我的小见是：政治家在其职责上，能够认识到文学在其权力之外，已大具开明，别的事，让文学自己去做吧。毕竟，真要说起服务来，文学除了服务于文学自身，还能干什么呢？

2010 年 5 月 13 日

# 文学：更衣室里的斗殴

近年来，与文学、作家相关的耸动性言论，多由一种名叫“访谈”的文体强势制造。

文体本身是无辜的，文体各有侧重，也各依所重获得文学合法性。使文体成为问题的，往往源于不恰当的应用。比如，诗体自具文学上的尊崇，但用诗体撰写资产评估报告，谁都会气急败坏。假如爱因斯坦的相对论不是发表在论文里，而是写在一篇讽刺随笔里，谁都会傻了眼。

说到顾彬先生，至少在文学界，现在无人不知。在制造生猛观点上，这位酒量惊人的德国汉学家具有奇特的激情。不太有趣的是，他的观点大多通过“访谈”方式发布，我们耳边不时传来他气概非凡的结论，我的眼睛却一次没有读到他阐述相应观点的大作。媒体广为传布的顾彬式观点，通常由两个相互排斥的特点所构成：搏命的结论和绝不论证的作风。不知源于文艺记者的怂恿，还是顾彬先生独具干云豪气，在他的表述中我总能听到一种“要有光，就有光”式的上帝口吻，他单刀直入、铁口直断的结论经媒体放大后，每每产生天象级的文学震荡，足令中国的文学天空在某段时间骤然失色。是的，我们不清楚中国作家为什么非得精通外语，我们不明白中国作家凭啥都是胆小鬼，我们更不知道中国文学缘何充斥着垃圾，我们只是听闻，顾彬先生有此一说。每当顾彬先生金口一开，媒体就像接到了战争动员令，在第一时间进入阵地，直到报纸的相关版面填满了“垃圾”和“胆小鬼”。

我对此相当纳闷，身为评论家，耳不聋眼不花，为何偏要养成这种爱好呢？一边频频发表文学观点，一边又不著一字，拒绝采用公认得体的方式。左看，觉得他像个走私者，擅长把最危险的东西藏匿在不为人看重的货物里；右看，又感到他有一副总统派头，好像自己正日理万机，必须让媒体记者不时充当观点发言人；横看，我佩服作者的滔天胆量，仿佛随时准备以“百万军中取上将之头，如探囊取物耳”的架势，一脚踹倒中国文学界；竖看，又觉得不对劲，因为他明显预留了余地：当观点的走向趋于正面，则怡然登场，接受喝彩，一旦受到激烈批评，就在下一次访谈里——注意，还是访谈——作痛切无辜状，同时把责任一股脑儿推给提问者，怪罪他们误解了自己的拳拳深意。总之，他一次也不会反省这个问题：我为什么要用最不负责任的方式，发表最牛皮哄哄的观点？

文学不比学术，虽然不必以钱锺书先生“荒江野老屋”里的“二三素心人”境界自拟自况，但也不该沦落到比嗓音高低、论胳膊粗细的地步吧?

年前读到一篇林贤治先生的访谈，单看标题，也能感到一股力劈华山的气势，道是“当前的文学处在‘前所未有的低度’”。编辑拿这句话做标题，或许意在贯彻把文学弄成斗牛场的既定策略，但细读全文，发现编辑并非无中生有，因为林贤治先生言之凿凿：“我不赞成北大陈晓明教授说的当代文学‘到了一个前所未有的高度’。《羊城晚报》《文学报》对我的采访中，我很明确地表明，当前文学创作是‘前所未有的低度’。”值得注意的是，怀揣如此不可一世的观点，林贤治竟然还是没有执笔为文，而是坚持在一次接一次的访谈里喋喋重申。顺着林先生剑锋所指，我看到了更加令人泄气的一幕：他所批评之物，同样不曾出现在任何一本著作、论文或报刊随笔里，那只是陈晓明教授一次即兴发言的片断。我凑巧知道，陈晓明的发言乃是对王蒙先生的呼应。那么，王蒙先生写过什么吗?最扫兴的时刻来到了：王蒙先生啥都没写，他只是在一次国际书展上顺嘴跑过一次火车，声称“中国文学处在最好的时候”。考虑到会议的规格、王蒙的身份及高龄，将他的表述视为一种拙劣的外交辞令，本来更加合适些。无论批评还是肯定，似乎都不值得在文学层面上进行。

总之，这看上去非常糟糕。那么多文坛人物卷入一场文学接力赛，试加追溯，我们却连一篇小小的文章都找不到，所有的争论都是在文本缺席的情况下进行的。

作家、评论家之间的辩驳问难，仿佛一夜间回到了前书籍时代，大家不约而同地抛弃纸笔，改用各自的大嘴展开空对空搏击。所谓争辩，也大体奉行“一句话主义”，疑点的辨析、观点的撞击和思想的交锋一概从略，各位竞相比试谁更擅长用一句话，就把中国文学给顶了，或灭了；你来狠的，我一定比你更狠。在这个讲究网络互动的时代，哪怕他们的观点发布在博客、论坛或微博上，也强过让记者转述吧？至少，别人能通过验明他们的文字正身来尝试下一轮探讨。但他们偏不，身为文人学者，他们似乎并不愿意亲自执笔为文，却热衷于模仿娱乐界明星的派头，一味借助各式访谈，发表那些随时可以宣布作废的高见。身为作家或评论家，这实在是一种不必要的懒惰和狡猾。大体而言，我很难从中找到针对个体的观点，他们擅长就抽象的中国文学发表高见，他们满心认为，一国的作家乃是一个成建制的军团，需要并且只能从整体角度加以评判。对文学的个体性、独创性及天才作家的不可预知性略知一二者都会明白，动辄拿一国作家作为批评或表扬的对象，距文学最远。

此类争辩，颇似两支这样的球队：他们拒绝在球场上一决高下，却热衷于在更衣室里争吵斗殴，遂致真正的文学绿茵场，阒寂无声，荒草疯长。

2010 年 5 月 28 日

# “憎恨学派”与约翰逊俱乐部

读哈罗德·布鲁姆的《西方正典》，意识到有一派艺术型批评家的存在。他们的行文特征是：使批评成为一种艺术，让批评充满个性。他们坚信，批评并非文学的臣民，杰出的批评文字完全可与杰出的文学作品分庭抗礼，比翼齐飞。由于他们的出现，批评家与文学家将只剩下才能构造上的差异，在艺术等级上则不分轩轾。布鲁姆在该书精选的二十七位文学大师中，特地安插进大批评家约翰逊博士，即体现了这份用心。他别出心裁地为精神分析家弗洛伊德辟出专章，本意却不是为了赞颂弗氏在文学评论领域的卓越贡献，而是为自己心仪的“艺术家型批评”树立一个反面样板。

“我的英雄偶像是萨缪尔·约翰逊博士。”布鲁姆如是说。在西方文学世界，布鲁姆仰之弥高的大师，无疑是莎士比亚。布鲁姆对约翰逊博士的推崇，是从自身职业角度出发的，即作为一个文学批评家而非作家，他只能视约翰逊博士而不是莎士比亚为自己的英雄偶像。在《西方正典》中，布鲁姆好几次提到了“憎恨学派”，并毫不掩饰对“憎恨学派”的“憎恨”。何谓“憎恨学派”？“女性主义者、非洲中心论者、马克思主义者、受福柯启发的新历史主义者或解构论者——我把上述这些人都称为‘憎恨学派’的成员。”他说，“绝不承认原创性是憎恨派的大毛病。”憎恨派的另一特征是，“对文学作品的审美价值持敌意态度”。——在布鲁姆眼里，弗洛伊德恰是“憎恨派”的代表。

布鲁姆无疑过于愤慨了，其实，若我们态度平实一些，再借鉴法国人蒂博代的著名分类（他曾将文学批评分为三类：有教养者的批评、专业工作者的批评和艺术家的批评），则布鲁姆所谓的“憎恨派”，大致对应于蒂博代的“专业工作者的批评”，而追随约翰逊博士的布鲁姆本人，当然从属“艺术家的批评”，我性喜把后者称为“约翰逊俱乐部”的成员。

“约翰逊俱乐部”成员属于一派特殊学人，中西皆有，是所谓诗道文心的捍卫者和鉴赏家。在中国，这类传统颇有渊源，大量的诗话即是其中一脉。在西方，这类学人总量虽不多，占据的高度却不可不觑，如约翰逊博士和奥斯卡·王尔德等人，还可以包括我们的钱锺书。与普通学人相比，他们更像艺术家；与真正的艺术家相比，他们更像学人。这派学人属于异数，如果大学教育培养不出莎士比亚，那么大学教育同样培养不出约翰逊博士。这派学人不仅天赋过人，往往还气度过人。

无需大惊小怪的是，如约翰逊博士这类天神般的鉴赏艺术家，按布鲁姆的说法，在现今机械化运作的学科体系里，甚至找不到一席之地。为什么？所有教席都被“憎恨派”的宗师及其门下弟子把持住了。

“憎恨学派”大致属于开宗立派型，其掌门人固然无比优秀，但他们的学术研究还有一个特点，就是有章可循，有法可依，所以旗下极容易汇聚芸芸门生。他们是学者、教授的恩人，可以有效带动一种产业化学术界。一个弗洛伊德就是一家巨型的学术企业，一个福柯就是一家跨国思想公司的大总裁，可以养育无数三流学者。他们会生成学派，培育出支流和旁系，他们会制造学术（不是思想）的产业链。栖身于这类大学者的羽翼下，普通学者最容易把学术做成饭碗。所以，“憎恨学派”在现行学科体制下处于强势地位，也就不难理解。

“约翰逊俱乐部”成员通常独往独来，他们无意另立山头，也不想把自己的追求简略成几个可操作的廉价术语，类似弗氏旗下的“里比多”“恋母情结”之类，供学界浅人反复搬用。他们的批评文本充满艺术魅力，本身却不必然具有制造教授产业链的功能。因为攀附无门，普通的学者教授对这类学人最是头疼，比如在中国，天神般的钱锺书总会面临这帮浅人的莫名攻讦。越是浅显之徒，越敢于把钱氏文章贬低成“拆散的七宝楼台”。

两派批评家彼此仇视，势如水火。蒂博代是这样归纳的："职业批评和艺术家批评之间的斗争是文学生命本身的一部分，犹如欧洲的一部分是拉丁人和日耳曼人之间的斗争一样。"至于笔者，不在学术圈里讨生活，心仪"约翰逊俱乐部"也就自然得很了。

2006 年 2 月 14 日

# 陌生性与变异性

在《西方正典》中，作者哈罗德·布鲁姆再三重申的一个词，叫“陌生性”。乍一看，它与俄国形式主义的标志性概念“陌生化原则”似有继承关系，然读遍该书，也没有出现那一列光辉的俄罗斯名字。俄国形式主义者的“陌生化原则”，侧重于语言艺术，专注于形式美学，人们有时称它为“奇异化”（一译“反常化”）。维克多·什克洛夫斯基经典的表述是：“艺术的手法是将事物‘奇异化’的手法，是把形式艰深化，从而增加感受的难度和时间的手法 。”而布鲁姆则是在一个如何定义“经典”的大框架下使用“陌生性”概念的，他说：“作家及作品成为经典的原因何在？答案常常在于陌生性，这是一种无法同化的原创性，或是一种我们完全认同而不再视为异端的原创性。”

有高人在前方开道，自然是一件幸事。顺着布鲁姆的竿子往上爬，再借鉴一下俄国形式主义者立足于语言的谈艺立场，我觉得，若以那种“我们完全认同而不再视为异端的原创性”为终极标准，则是否具有变异性，也许距此标准最近。在文学世界，变异性是一种最为可取的陌生性。所谓变异，是指对本民族文学传统实施改造和突破，在表现方式上类似基因突变。

最近有个名字一直为人提及：木心。我只读过木心先生的名篇《上海赋》，取证不丰，一时无从评判。我在一个论坛回帖里曾如此表白：“木心先生的文章，确实好看、好玩。视角、遣词及心态，都透着一种全新的鲜活气息。但把木心先生拔得太高，似乎先得想一想：他这些让人耳目一新的文章，是否有‘稀罕性’的缘故。‘陌生性’是一个崇高的文学标准，接近于最高等级的原创，‘稀罕性’只是一种世俗等级。陌生性历久弥新，稀罕性则无此功能。一个鉴定标准是：读充满陌生性的作品，阅读惊奇伴随始终；读具有稀罕性的作品，惊奇指数会依次递减。一旦稀罕性消失，艺术魅力也将随之逃亡。”

显然，我这里并没有就木心先生的文章说三道四，我想说的是，稀罕性作为一种真伪待定的陌生性，在文学语言的殿堂里，理应受到全力以赴的重视。相形之下，那些只是老到流畅，读罢使人骤生“思古之幽情”，更有甚者会让人感叹“某某复生”的文字，恐怕只能位居下陈。胡适先生推崇林纾的译笔，道是“古文里很少滑稽的风味，林纾居然用古文译了欧文与迭更司的作品。古文不长于写情，林纾居然用古文译了《茶花女》与《迦茵小传》等书。古文的应用，自司马迁以来，从没有这种大的成绩”。——所持标准，已经与“陌生性原则”不期而遇了。换言之，胡适已经意识到林纾译文中的变异性了。正如文化的活力来自交流和借鉴，文学语言的魅力，可能也需要一些“五胡乱华”的因果。若无此因果，语言魅力只在本民族的传统审美范式里打转遛弯，美则美矣，因陌生性寥落之故，原创性终究大打折扣。而那些能够从域外他乡撷取精华，给本民族传统表达法引来一泓清冽活水的作家，即使成不了大师，也多半夭折在通向大师圣殿的路上。我们知道鲁迅先生对此有过可贵的意识，尝努力师法西人“（语法）烦难的文字”，以疗救汉语不够“精密”之弊。所谓“陌生性”，最直白的感受是让人“眼前一亮”，倘能做到让人“眼前一亮”继之以“再亮”，也就接近大功告成。毕竟，在文学世界，再没有什么东西比一张老脸更令人不耐烦的了。人们喜爱王小波的文章，理由也大致如此，他宽容平和的心态，犁然得当的理性，置诸传统中国文人队伍里，峥嵘峭拔，摆明了就是一副基因畸变之象。

文学领域不同于政治世界，历来奉行多元，欣赏差异，推崇“异量之美”。文学鼓励侵略，强调交融，怂恿“拿来主义”，热衷“转益多师”。文章之道与马术有别，不以纯种为美，不以杂种为恶。最具陌生性美感的，历来属于那些最具变异性的作品。不必讳言，有此抱负的作家，在目前的中国尚不多见。

2006 年 2 月 22 日

# 百岁钱锺书是不可想象的

不经意间，钱锺书先生已值百岁华诞——如果他还健在的话。

从人们谈论前贤的方式中，也能窥出时代风习。一些常见的谈论方式，虽然不必以“阴谋”视之，却又比最大的阴谋更足以摧毁一位作家、学者的身后清名，致使赞美沦为歪曲，纪念反成亵渎。比如，执着打探八道湾胡同里的兄弟失和，不过是把鲁迅拿来消遣；津津乐道韦莲司或曹诚英的芳名，也更像是把胡适摆成排档或噱头，以招徕顾客；至于频频从“自由之思想、独立之精神”的角度评价陈寅恪，高则高矣，却也对陈先生繁复的学术成果构成了最大简化。同样，以捕风捉影术议论钱锺书的种种轶事，或对钱氏妙喻啧啧再三，亦似敬实亵，弄得我们学贯中西的大学者，好像只是一个引逗市井谈资的娱乐界明星。对此类八卦趣闻的消费式消遣，也许会拉近凡夫与巨子的世俗距离，但也会加深两者的精神鸿沟。

不同的作家，留在读者心中的年龄也各各不同。我们很难想象青年时代的托尔斯泰，正如“托翁”之名所示，他留在读者记忆里的形象，永远有一把潇潇长髯；对杜甫也是如此，我们的诗圣似乎从来没有年轻过，永远在六十开外；李白则反之，貌似永远不会衰老，尽管两人阳寿相差无几，杜甫甚至没能活到六十岁。钱锺书年逾古稀后始为大众知晓，奠定他学术名山事业的巨著《管锥编》，也是晚岁的结晶，但只要诚实地面对他的文字容貌，我敢说，里面找不到一根精神鱼尾纹，见不到一星思想老年斑。也正因此，在对《管锥编》拉杂读过多遍之后，留在我印象中的钱锺书，就凝固成一个年富力强的形象了。百岁钱锺书？我无法想象。

我曾把钱锺书归类为非凡的文艺家（区别于不知所云的“文化昆仑”），还把他定位成智慧文学的传人。从渊源上考察，我们的文学传统里缺乏智慧文学那一脉，我们的道统乃是道德文章。至少表面上，人们更愿意欣赏可以兼任道德楷模的作家，而智慧文学的传人，恰巧对扮演道德楷模兴趣缺缺，虽然这不等于他们的道德相对逊色。要在钱锺书的文字里找到既能提升自身道德辉光、又能方便后人脱帽致敬的华美格言。我不是说那种表述不好，但我确实想强调钱锺书志不在此。钱氏令人浩叹的机智和博学，他对丰富性的偏好，他自矜自爱的个性，也会妨碍他将自己的学术目标，概括成几句供人记诵的大话。从拓宽世俗名誉的角度，这类话头总是相当实惠的，它们好比两道强光车前灯，可以一边把自己的学术道路照得贼亮，一边供普通读者获悉致敬的路径

——想想唐德刚先生凭一句算命先生般的“三峡说”获得的奇特掌声吧。弗吉尼亚·伍尔芙说过一句狠话：“读者往往眼光迟钝，不先用强光把他照得花了眼，他们是不会睁开眼睛看一看的。”话说回来，这类招数固然管用，但也难脱天桥练摊的品格，因而难入智慧文学传人的法眼。除了早年的随笔和那本他自己并不看重的长篇小说《围城》，钱锺书的学术著作更像是为打算在智力上接受挑战的读者准备的，他选择典雅的文言而非通俗的白话——虽然他白话才能一流——亦含有这层深意，说白了，就是劝那些偏爱快餐口味的读者退避三舍，像他提到的唐代大诗人王维那样，对敲错门的读者客气地说一句：你喜欢的“大作家在那边”。

小见以为，《谈艺录》和《管锥编》这类文体，最适合展示钱锺书的才能。我们知道，除非用来评价书法作品，否则，“字字珠玑”就是个经常被误用为褒义词的贬义词。对小说和随笔来说，作者不必把大半心力抛掷在文辞上，太多的奇譬妙喻会妨碍读者领略小说本身，高密度的警句妙语，也会斫伤随笔的闲适和轻灵，所以，追求“字字珠玑”效果的钱锺书，反而在这两个领域成就不高。而他最终找到的那种古典笔记风格的学术札记体，恰巧对宏大的学术构想、系统的学术脉络要求不高（那八成也是钱锺书的弱项），同时却要求作者随时提供新奇见解。作为智慧文学的传人，钱锺书辨析事理之精准，推敲观点之绵密，当世罕有其匹。钱锺书素来不屑于表达暧昧或讨巧的观点，考虑到古汉语长于表意、弱于说理的特征，他在逻辑思辨领域显示出的精确性，俨若征服了一种语言的地心引力。他博览众籍并深深记取的古今人事及百凡事理，像一座天然的靶场，可以满足他一流批评家所特有的攻击胃口；他“穷理尽事，引绳披根”、事必求源、理必溯因的学术个性，也由此得到了一个天然的突破口；他左右逢源、随机生发的语言天赋，以及锱铢必较、仿佛擦拭祖传银器般的文字唯美作风，在札记体的掩映下，非但不会显出芜杂，还错落成一座文辞百卉园。正是在这个仿佛为他度身定制的体裁里，钱锺书势如滔天洪水的奇才，得到了最好的容纳，并最终潺湲出一条风光无限的金色学术溪流。

在这条溪流里纵横腾跃的钱锺书，姿态舒展如少年郎，笔墨张扬如虬髯客，气息沉雄如大宗师，他活在自成一格且无可替换的学术意境里。这样的钱锺书，永远不会让人产生“百岁”之念，所以我这篇小文，不过聊以寄兴抒怀，应景之情或有，纪念之意绝无。何况，生日拜寿之类俗事，原是钱锺书最为腻歪的。阳寿尚且不喜，冥诞只会更加讨嫌。

2010 年 11 月 16 日

# 也说批评的态度

——与邵燕祥先生商榷

对邵燕祥前辈的人格文章，晚辈素表钦敬，但为了显示批评的态度，本文决计对此不发一言。

且说今日读毕邵先生大作《批评的态度》（载《南方周末》2011 年 4 月 7 日），脑海里顿时升出几朵疑云。邵先生此文，踩定一种公允立场，不少表述深具苦口婆心之态。如此行文，虽会降低观点的生鲜度，但也有如下好处：人们很难与他商榷。因为人们看到的，也许是一种略感乏味的正确。不过请恕晚辈唐突，其中可供商榷之处，仍然较多。甚至，该文最见公允的立论前提，亦未足服人。

该立论是这样的：

你要批评一个人，总是针对一个具体的人，根据你对此人的观察和了解，做出或肯定或否定或“三七开”“四六开”的评价；总不能说，我对这个人长什么样并无所见对他干过什么事一无所知，只是听说有这么一个人，但我认为他不该存在或索性不必出生吧？

对一本书也是这样。所谓书评，对文学性的书就是文学批评，总是你读了这本特定的书，针对它的短长，发表你的意见。这是正常的。而一个必要的前提，是书已出版，你已读过。

邵先生此文，虽未点出被批者名号，但明指《刘心武续红楼梦》的批评者。我敢说，刘书批评者虽多，但对刘心武“这个人（的文字）长什么样”“一无所知”者，万中或有一，百里难求二。有人（比如我）早在三十年前就读过其成名作《班主任》了，读过他代表作《钟鼓楼》的读者也许更多，待到刘心武在央视开讲以“秦学”为特色的刘记红学时，俨然已是文化闻人。就此而言，邵先生“总不能说”以下的话并不适用：当刘心武的大名分明已由文学界大举进逼娱乐界时，再要把他拟想成一颗需要额外关照的文学新星，无论刘心武还是读者、观众，恐怕都会不太自在。

邵先生的立论逻辑，不禁让我想到毛泽东《实践论》里的著名表述，略谓“你要知道梨子的滋味，你就得亲口吃一吃”。该表述是否成立，其实另有前提：那家伙从未吃过梨子。对于已经吃过梨子的人，再进一步，对那些甚至还种植过梨子或从事过水果经销的行家来说，就说不通了。以后者的经验，无需亲尝，常常只消瞄一眼花纹成色，就足以得出内行判断：这是个好梨；那个梨坏了。

“对一本书也是这样”。邵先生志在推荐一种齐一的批评观，但小见以为，这种批评观并不存在。批评的态度，不同于批评的姿态，脱离了具体文本及批评所指，我们无法归纳出一种通用态度。批评者是否有必要通读全书，洵非一项固定原则，大可因书而异。正襟危坐地倾听贝多芬，多半是得体的，用同样姿态面对摇滚，辄涉嫌滑稽。十目一行地领略王羲之书法，也许还不够，一目十行地阅读市井涂鸦，多半已无聊。英国杰出的文学批评家塞缪尔·约翰逊博士，据其传记作者包斯威尔说，“他有一种惊人的天赋，无论什么书，用不着从头读到尾，就能够一眼抓住书中的重点”。依邵先生之教，那好像是错的，世人却咸视其为批评楷模。因为，非得通读一过方能撰文批评的书，即使把范围缩小到文学，也为数不多，那是少数经典作品的专属特权，泛泛庸籍不得与焉有荣。另外，我们还得结合批评的着力点，以刘书为例，论者若意在评价篇章结构、人物命运及故事脉络，通读就是一个起码要求，舍此无二途。若笔锋仅在语言毛病、细节纰缪、景物乖舛上逗留，多读少读就关系不大，既可视病症轻重而异，亦不妨随批评者心性而定。依我的脾气，单看目录上那些糙粝得难以下咽的回目，不仅会废书不观，甚至都想揎拳而上了。

文学批评关乎经验的积累和见识的锤炼，通读云云，不过拘牵形迹而已。即就“批评的态度”而论，此处亦可作两面观，单独站在刘心武的立场上，恐生偏颇。批评者对刘心武续作心怀不忿，完全可能是出于对曹雪芹的无上爱戴。从人们对庸劣作品的态度中，并不能推导出他们对待杰作的态度，毕竟，文学世界的良性秩序是由非凡杰作来维持的，出于对伟大文学的热爱和捍卫，对蹩脚之作态度粗鲁些，有时简直就是一种必要的礼节。这和商品世界的道理是一样的，出于对良性市场秩序的卫护，人们对伪劣产品的态度越粗暴，反而越能彰显文明人的教养。

没有读过《刘心武续红楼梦》，未必缺乏文学教养，他们还可能是《红楼梦》的资深读者。由于刘书的寄生性，人们有权利依据曹雪芹原著提供的特征及标准，掂量续作的斤两。假如他们从刘书中劈头撞上荒谬可笑的内容，我看不出他们有什么理由要压制自己的愤懑。毕竟，注重性情和感受、对嬉笑怒骂持来者不拒态度的文学，不同于“衣冠不整者谢绝入场”的礼仪场所。说到通读，我想，再认真负责的编辑，从来稿第一段中接连窥见不可原谅的错误，也会迅速丧失耐心，毫不客气地把它做退稿处理的。我们尝了第一口饭觉出异样之后，合乎卫生之道的做法难道不是把整碗饭扔掉，而是逐一验证每一粒米饭，以确信我们尝的那几颗米粒算不算白璧微瑕?

让庸书劣籍与优秀文学享有同等待遇，或者，要求人们对浅显毛病与繁难杂症一视同仁，恐怕只是一种纸上风度，说来固易，实行诚难。

批评者邵先生和他所批评的那位批评家（我不知是谁）一样，他们都没有读过《刘心武续红楼梦》。邵先生自解的理由是："我在这篇小文里，未对刘书做任何评价，因为我还没有看，不能滥加评说。"但这个理由存在破绽：你没有看，你就无从判断刘书是否够格成为一本"非经通读严禁置喙"的书。放弃评说固然是邵先生的权利，但不等于别人的批评就会失去依据。关键不在于读过或通读，而在于批评什么。再则，将一本你内心并不尊重的书从头读到尾，目的只是寻找更多的荒唐可笑之处，大概只算得一种私人趣味，并不宜抬举成一项公认原则。批评常常像一种寻衅找茬，但寻衅找茬算不上批评。

邵先生篇末说："总之，你有话语权，也要尊重他人的话语权，尤其不可剥夺或意在剥夺他人的话语权。"燕祥前辈言重了吧，不就一点批评嘛，如何就变成"剥夺或意在剥夺他人的话语权"了呢？何况事实也没有对邵先生的推断提供支持，在不少畅销书排行榜上，《刘心武续红楼梦》赫然在列。挨骂非但不见得是剥夺，常常还会成为促销的有力手段，这早已成为当今社会诸多怪现状之一了，我辈对此，最好佯装不见。

2011 年 4 月 13 日

# 我们与马尔克斯的文学邦交

我们可爱的老伙计加西亚·马尔克斯，最近又得到了媒体关注。原来，我25年前读过的那本《百年孤独》，尽管出自正儿八经的出版社，竟然属于盗版。那是著作权法意义上的“闭关锁国”时代，我们关起门来恣意妄为，视域外作家的正当权益于无物，这不，报应来了，据说马尔克斯发了个毒誓：“有生之年不会将任何版权授予中国的任何一家出版社。”我查了手头另外四本马尔克斯的作品，都没有找到版权声明。

最近，传闻马氏口气松动，愿意降尊纡贵，和中国出版社聊聊了，但开出的价码令人咋舌：一百万美元。如果是真的，看上去更像一种惩罚，就是说，马尔克斯只是变换了一下手法，教训中国人的立场则丝毫未变。

我有个小小的倔脾气：永远不对作家的合法获酬方式发表评论。你拿一元版税，我当没看见，你开价百万美元，我照样无动于衷。理由是，版权收益从来不是衡量文学价值的可靠标杆，它对文学的反映功能，还不如歪曲功能来得强烈。版权收益是出版界和书商喜欢闹腾的事，与文学没有直接关联。

对普通读者（比如我）来说，我们并不清楚马氏与中国出版界的过节，我们只知道马尔克斯乃是最近二三十年最受中国读者欢迎的外国作家之一。国人擅长将心比心、以己度人，当我们自以为对马氏满怀热爱之时，也会以为对方正与我辈“相看两不厌”，我们绝难想到人家已横眉怒目，气不打一处来。待到闷葫芦打开，二十多年来我们竟一直在“热脸贴冷屁股”，这太没面子了。好在，文学不是面子工程，热爱文学也不需要额外理由，我们犯不着和大作家怄气，且不说大作家的愤怒事出有因。

不过，由此反思马尔克斯在中国的影响方式，尤其是马尔克斯给予中国作家的“巨大影响”，则可谓适逢其时。在我眼里，那是一面怪诞的镜子。

以马尔克斯的小说成就，他引发任何规模的赞叹，都算实至名归，但是，我不得不说，他影响一部分中国作家的方式，迹近荒谬。曾经，一位中国小说家若不谈论一下自己与马尔克斯——尤其是《百年孤独》——之间的精神血缘，好像就会被人看扁。声称对《百年孤独》有所仿效和借鉴的作家，不胜枚举。有些中国作家似乎以为，只有抢先宣布自己与马尔克斯存在一种冥契，只有让人相信他曾经去马贡多小镇取过真经，他的作家地位才能得到确立。依我小见，此举若非出于无知或精神上的孱弱，就是意在忽悠。

作家间的影响，历来让人困惑，但万法归一，真正的作家永远不会把这种影响局限于亦步亦趋的模仿。保罗·瓦莱里说过："作家最根本的野心必然在于与众不同。"作家间的接头方式是：鼓励脱帽，严禁屈膝。一位作家用自己的独特方式写出了伟大作品，也就类似猫科动物用体液划定了势力范围，任何有尊严、守规矩的同行都会选择回避，除非，你打算战胜他。但战胜又从何说起呢？精神世界不受"国土资源部"管辖，理论上是无限的，不会因为作家的圈地运动而造成创作资源的紧张。

所以，遇到一部伟大作品而心生模仿之念，本质上有违创造之心，只有命定的三流人物才会乐此不疲。此外，文学杰作天然具有抵抗模仿的个性化能力，一部极易被人"山寨"一把的小说，通常谈不上伟大。马尔克斯曾多次提及卡夫卡《变形记》的影响，但拿《变形记》与《百年孤独》对照，我们看不到皮相借鉴的痕迹，即使写变形，卡夫卡笔下依旧具有德国精密机械的严谨，与马尔克斯"波斯飞毯"的文风迥然不同。作家间的影响，正当作如是观。

欲探讨一些中国作家为何言必称《百年孤独》，我得提及另一个因素。虽然《百年孤独》拥有堪与一切小说杰作比肩的优秀性，但不幸的是，它也有一个弱点：诱使浅显之辈生出模仿之心。《百年孤独》作为小说固然志向非凡，但也因人物众多、时间漫长及笔法魔幻等特点，容易让人因"不贤识小"之故而实施买椟还珠式模仿，对于但求皮相形似的人来说，弄出些酷似“见识冰块”的句子，原非难事。毫不奇怪的是，一些中国作家的着意模仿，正停留在语言的东施效颦上。考虑到中国和哥伦比亚在地理、种族、宗教文化及思维方式上的深刻不同，此类低层次的模仿，遂纷纷沦落为失却根基的转基因语言了。作为参照，虽然马尔克斯另两部长篇小说同样出类拔萃，但却较少被我们的小说家提及，理由或许是，《家长的没落》中对那个昏君与暴君的综合体所施展的围追堵截式刻画，对作者的想象力、专注力和分析力要求极高，才华有限者只能绕道而走；而《霍乱时期的爱情》中那位集超级浪子和超级情种于一身的阿里莎，也对作家的穷形尽相之功提出了可怕的挑战，足以让功力不济者退避三舍。反观一些人言必称《百年孤独》，多半是把马尔克斯的魔幻语言视为花拳绣腿的文字技法了。这当然是错觉。

伟大的文学总是与时间厮磨相伴，追逐一部小说就像潮男潮女追逐一台 iPad 平板电脑，决非作家的正经活计。透视我们与马尔克斯之间的文学邦交，或许有助于认清自身的文学现状。实情可能是，伴随着对马尔克斯的声声膜拜，我们的文学不升反降，愈加丧失自身的精气神。但愿，马氏在版权事务上的冲冠一怒，也能让文学界有所沉吟。

2010 年 9 月 19 日

# 稿酬与文学

报载："由上海作家协会主管的《收获》、《上海文学》等文学刊物将得到上海市文化专项资金扶持……在原有稿费的基础上大幅度提高标准，最低稿费标准将是原标准的两倍，优秀稿件的稿费将按质量从优支付，高的可达到原标准五倍以上。"原标准是多少呢？"每千字稿费在80元左右"。

乍闻此言，第一感不是振奋于作家日后待遇的提高，而是震惊于他们之前稿费的低廉。以《收获》在文学界地位之尊崇，尚且如此拮据，其他文学刊物想必更加寒碜。不过据我所知，在稿费上蒙受最大不公的，还不是小说家，而是翻译家。那些施于我们莫大恩惠的知名翻译家，所得稿费之微薄，足令每一位读者心寒。如给中国人"搬来一座奥林波斯山"的翻译家罗念生先生，临终时存折里竟然只有10元钱；前不久去世的俄罗斯文学翻译家草婴先生，生计之艰窘也出乎想象。

稿费标准与文字水准没有内在关联，以一流译作赚取末流报酬的翻译家，已资证明。"重赏之下，必有勇夫"不失为一个规律，"重金之下，必有杰作"则从未听说。但这不构成糟践作家的理由，让我们的优秀作家依旧只能靠老掉牙的“君子固穷”来抟气修身，肯定不是中华文明良知的体现。提高稿费水准除了改善作家的境遇，也会给特定刊物带来一定竞争力，使得原来流向他处的优质文稿，部分转投此地。假如此举能引发一场提高稿费的“军备竞赛”，每一位以文字为业的作者，梦里都会笑开了花。但可见的价值也到此为止，文学本身未必受到多大撼动。以文学致富者固然代不乏人，但文学不易发家致富的行业特征，永远不会改变。

世上最难估价之物，就是精神产品了。这份困难，先天注定，后世难挽。如果换算成稿酬，大牌律师写下一份诉讼代理词，动辄达到千字数万元，个别的还远不止此数。与之相比，再大牌的作家都难脱寒酸。但我们也不应忽视两者的本质区别，古希腊一名诉讼当事人，曾批评当年的著名诉讼演说家吕西阿斯：“他代写的诉讼词，读第一遍时感觉是好文章，读第二遍第三遍时，则感觉平淡无奇。”吕西阿斯回答说：“你在法庭上不是只宣读一遍吗?”这个绝妙的答复，正好被我用来说明问题：对法庭诉讼词来说，得逞于一时，往往也就恣意于一世，优秀的文学则反之，不值得读第二遍，注定与杰作无缘。

向作家支付稿酬，具有恒久的困惑性。人类擅长为任何一种价值明确的工作支付报酬，而文学作品的价值偏偏飘忽不定。不少发表在报刊上的文学作品，未必值得读上一遍，报刊为此向作者支付千字 80 元稿费，都只多不少，而其中说不定埋藏着的一部旷世杰作，却可能千金难换。在写作这一行里，有望获得高额报酬的，往往是一篇类似独家猛料的玩意儿，因为老板确信，这篇猛料可以立竿见影地提高报刊的次日销量。但换个角度看，那篇文字最可能两周后无人问津。可见，一旦结合报酬这个视点来考察文学，立刻能意识到其中的荒谬：没有一个老板愿意为一部作品的潜在价值预付稿酬，假如这部作品名叫《红楼梦》的话，更没有一个老板有财力支付，而优秀文学的价值，恰恰宿命地具有滞后性，有时甚至会滞后百年。依《西方正典》的作者哈罗德·布鲁姆之见，确认一部文学经典，常常需要两代人的时间。

所以，立志从事文学，就必须无怨无悔地与这份先天错乱相守相伴。没有人和你过不去，你的作品越是文学，你就越不能期待一份合理报酬。在除文学（也包括哲学、艺术等等）之外的其他领域，人们的酬劳与其贡献大致吻合。在 NBA 里，那个拿着最多年薪的人，往往也是最配得上这份薪水的家伙；但文学不然，文学是与不确定的时间打交道的，那玩意儿无法估价。也许，优秀的作者最终只能借“时间就是金钱”来自慰自嘲：嗯，我征服了时间，也就等于拥有大把金钱了。像金庸先生那样不仅写出优秀的文学，还能获致巨额财富，在文学界绝非常态。

在今日西方，从事文学艺术者，往往家境较为宽裕。仗着父亲提供的丰厚遗产而免于衣食之虞的哲学家叔本华，曾不无得意地说道：“从出世的那天起，就拥有保障生存的财富，最好没有家庭，仅仅为了自己，完全独立，没有承担义务的劳累，这优越性是无可估价的。”我希望每一位潜在的文学天才，都能有此好运，假如没有额外的幸运星照拂，普鲁斯特根本不可能优哉游哉地写出《追忆逝水年华》。可惜，几乎所有获得诺贝尔文学奖的人，都是在不愁生计的晚年才得到那笔钱的，那笔钱一次也不曾在作者最需要之际出现过。英国影片《贫民窟里的百万富翁》中，获奖者也只是一个略识之无的年轻人。这大概说明，让文学天才早获财富，不符合文学的游戏规则。对此，我们无计可施，无话可说。官方出面扶持文学，最多折射出文学的社会性使命，翻开牌面，此举也可能只是体现了某位官员的风雅趣味或行政谋略，对文学本身，未必具有可持续的发展性。所以，我们不必忙着大加喝彩，且不说文学的真正发展，无条件地取决于作家的个体追求。因此，我虽然乐观其成，但假如刊物能凭借自身的力量向优秀作者支付高稿酬，或赞助者是一家信誉卓著的民间文化基金会，我会觉得更加合适。海明威敢于用昂贵的电报来投寄一篇小说，多半是因为那家刊物的老板，能够将阔气和风雅纳入精明之中。优秀作者撞上这等雇主，才叫天作之合呢。

2010 年 10 月 13 日

# 颠覆作协的理由

作协又出新闻了，围绕一众二百五十名作协成员在旱灾下的重庆享受五星级总统套房、坐奥迪车、吃两千元一顿豪华大餐的消息，民意再次沸腾。对网民的道德义愤，我理解，但并无强烈共鸣，故而不拟用文字追加一掌。在这组事件上，我感兴趣的只有两点，其一是铁凝女士关于作协存在理由的新奇说法，其二是重庆作协向有关领导“主动请战”创作任务的怪诞举动。

作协主席铁凝女士在答《华西都市报》记者问时，字字凝铁地说道：“作家协会发展到今天也是与时俱进的，中国作家协会有一万个存在的理由。”我不得不说，这是一个超出我理解力的解答，鉴于我没有条件给铁凝女士递上一支体温计，以确认她是否身体不适，我只得勉为其难，在这里冒充一下解人。

我想，若请求铁凝女士撰文阐述这一万条理由（哪怕只是罗列），尽管我没有刁难之意，读者们大概还是会认定我在刁难。这就蹊跷了，身为作协领导，难道拥有把谜语当结论、用修辞代替举证的特权吗？本来，所有人——包括铁凝女士本人——都明白：为作协提供一万条存在理由，乃是一项非人的任务，要完成它，智力卓越远不如傻气冲天来得重要，写作欲也远不如受虐欲来得要紧。只要我们对“一万条理由”的合理性多少提点要求，而不是只要对方把数字摞到一万就算通过，我敢断定，即使铁凝女士在作协大会上振臂高呼，且许以超级乐透级重奖，她也等不到前来领奖的人。

实不相瞒，作协存在与否，与我毫无关系。笔者虽以码字为生，幸而不是铁凝女士的下属，作协的门开在哪儿，我从不打听。身为作者，却得尊另一位同行为“主席”，这个脸我可丢不起。但假如作协没有了，作协主席的称号必将随之蒸发。所以，铁凝女士提供的理由，八成是供她本人享用的。就是说，铁凝女士并没有谈及作协存在的理由，她只是用颤抖的高音，语不成调地表达了自己继续担任作协主席的强烈愿望。

此话题就此打住，下面再说说作协重庆会议的奢华问题。我说过，我缺乏网民的义愤，理由是，没有证据显示，要求对方提供如此高规格的会议接待，乃是铁凝主席及广大与会作家的指示和要求，我更愿意相信，骤遇此等规格，包括铁凝主席在内的与会作家全都傻了眼。套用当下流行语，这些作家恐怕还是“被奢华”了一把。把批评矛头指向“被奢华”者而略过奢华的提供者，窃以为有欠公正。

让我深感不安的，乃是奢华的下文。地方行政大员（亦即奢华的提供者）以战前动员的方式向与会者下达数字精确的创作任务时，据报载，一些作协领导态度极为踊跃。地方领导如此动员，并不奇怪，他们眼里的文化，大概与他们眼里的房地产业一样，原是一个个随意驱使的项目，他们把文学创作理解成重大工程的招投标，初衷倒未必是侮辱文学，而是贫瘠见识和官场习性使然。对于他们性喜把精神活动产业化的行为爱好，暂时我们只有深感沮丧和无奈。此外，他们原本不是文学内行，只要不把外行话当成行政命令，如此动员也可说别无大错。反观作协那一干领导，按说他们最能理解创作的特点和作家的艰辛，也理应最懂得捍卫作家的尊严，却公然作出如此表演，把自由的文学创作弄成高速公路建设中的路段竞标，把辖区内的作家贬成一个个领号听命的文字民工。

正是这个来自作协内部的侮辱，颠覆了作协精神上的存在理由。在这番表态之后，作协存在的理由，只能在文学外部去寻找了。就算铁凝女士日后拿出了一万条理由，我也相信，真正的理由已经随着这次招投标表演，永久胎死腹中了。

2010 年 4 月 5 日

# 关于奖项的两条建议

在历年公共话题中，围绕各类荣誉奖项引起的争议，总会占据相当比例。仅在最近个把月里，我就顺眼瞄到如下争议：以言词大胆、犀利著称的某著名神经生物学家，愤然宣布今后不再候选中科院院士；各省作协主席大举入围某文学奖；稍早前还有个让人啼笑皆非的“共和国脊梁奖”。

初算一下，世上大概只有三类奖项不易引起争议，一类是奖励孩子的，一类是竞技体育的获胜者，另一类则具有冷僻专业属性，比如，诺贝尔化学奖得主，几乎从来不会引起大众非议。有一句教育学格言是：对孩子，鼓励永远不是多余的。因此，只要别太出格，针对孩子的奖励最不易惊动视听。竞技体育不仅关联着我们强身健体的内在需求，其评判标准通常也最为公正：每个现场或电视机前的观众都在第一时间看到那个家伙率先撞线，还有什么话说？大家起立欢呼吧。

当然，个别深思熟虑之士，也会另持异议。古希腊雄辩家伊索格拉底在《泛希腊集会辞》里曾质疑道：“我时常觉得奇怪，为什么有人认为体力上的成就应当获得那么大的奖赏，而对于那些私下为了公众的利益而勤劳的人，为了能有助于别人而锻炼自己的心灵的人，他们却不给予任何的荣誉。其实人们应当特别关心他们才对，因为即使那些运动员获得了双倍的体力，别人也不会生活得更好；而一个人有了很大的智慧，所有愿意分得一份他的智力的人都能得到好处。”——这个见解很对，可惜无法操作。因为，一个拥有“很大的智慧”的人（姑且假设是苏格拉底），无需胸前佩一块金牌也能使他人“分得一份他的智力”，而一个拥有“双倍的体力”的运动健将，若不在第一时间给他颁奖，人们不仅无法从他“四肢健壮的青春”（古希腊诗人品达语）中得到激励，他本人也会永久失去获奖机缘：随着时间流逝，他的体力必将无可挽回地走向衰竭。苏格拉底固然伟大，这份伟大却并不依赖一个金属吊坠来确认，也不需要用“过时不候”的方式，赶在某个时刻点上予以表彰；换句话说，当一个人在精神或思想领域达到崇高之境时，获奖极可能是多余的。

这一点，即使拿大家熟知的诺贝尔文学奖来举证，也未必不能成立。虽然诺贝尔文学奖经常遭人非议，但平心而论，它仍不失为当世最具权威的文学大奖。若我们进一步探询，还会心生遗憾，将诺贝尔奖错过的大师与获奖者并置一处，人们简直要说，那是两个不同的级别。诺贝尔文学奖几乎证明了一个残酷法则：如果一位作家优秀到托尔斯泰、普鲁斯特、乔伊斯、卡夫卡等人的程度，那么，他一定会错过它。

我无意讽刺诺贝尔奖评委，他们已经做得够好了，至少，没有第二个文学奖，曾做得更好。记得普鲁斯特和乔伊斯曾互不买账，托尔斯泰对莎士比亚都颇有微词，可见，即使把这些超级文豪请上评委席，也未必选出更经得起文学史检验的人物来。我从中获得的启示是：对诺贝尔文学奖获得者，保持一份礼节性尊重就可以了，不必太过当真。

“假若您坚持不断地写作和发表作品，您将很快发现，作家能够获奖、得到公众认可、作品畅销、拥有极高知名度，都有着极其独特的走向，因为有时这些名和利会顽固地躲避那些最应该受之无愧的人，而偏偏纠缠和降临到受之有愧的人身上。”这是巴尔加斯·略萨写给青年小说家的告诫，当然在他获得诺贝尔文学奖之前。我相信，在他获奖之后，说法会有些微调，但我宁可他坚持旧说，同时把自己的获奖视为例外和老天开眼。

“伟大的作家可以说是国家的第二个政府。为此，没有哪个政权喜欢受人爱戴的伟大作家。它们只喜欢二流的。”我相信，当索尔仁尼琴这么说的时候，他心目中的伟大作家，应该兼指那些具有知识分子品格的人，也许与萨义德意义上的知识分子暗合：既不取悦政府，也不取悦反对派和民众，坚守一种“不对任何人负责的坚定独立的灵魂”。在萨义德看来，秉持这种“业余的良心”，也就注定了“不受奖赏的”命运。结合权力厌恶监督的本性，此类“不受奖赏的”命运不仅会出现在专制极权国家，在民主制国家也不会例外。你能想象美国前总统克林顿向那个死命调查自己花边绯闻的独立检察官斯塔尔颁发一个“脊梁奖”吗？当《纽约时报》的记者决意披露小布什总统的一项秘密指令从而揭露总统滥权时，该记者受到的官方待遇，乃是一张司法传票。好在，那位记者后来获得了普利策奖——一项非官方荣誉，奖金不多，却真正捍卫了“脊梁奖”的本意，如果非要用“脊梁奖”这三个字的话。而以官方名义颁布的精神性奖项，不用问，其结果定然无限接近索尔仁尼琴的设定。

大致上，可以归纳出三类获奖者：其一，成就高于奖项，以至奖项对他不能构成鼓励，也谈不上提振名声，相反，获奖者的煌煌功勋，倒是提升了颁奖者的档次。其二，一般所谓名实相符、实至名归者，最为常见也不值得议论。第三，就是那些名不副实的主了，惟其如此，他们对奖项的渴望反而最大。一旦获奖，他立刻获得了牛皮哄哄的资本，而一旦落选，又立刻把他还原成一个寻常男女。由此看来，奖状最大的功能，大概就是颁给这号家伙了。我们都熟悉这号家伙，谁也不觉得他有何值得挂齿的成就，但他偏生有此能耐，可以在自我介绍栏里罗列大量获奖证书。厚道点说，让他们获奖，才能使奖项的激励效能臻于极大，盖因离开了奖状，他什么都不是。至于卡夫卡或钱锺书是否获奖，谁又会在乎呢?

包含巨大学术和精神荣誉的奖项总会附带着我们对于公正的渴望，鉴于太多的奖项明珠投暗（国人为此年均至少遭受三次沮丧），吾人的公正感已有衣不蔽体之忧。既然那些家伙懒得把奖项弄得好一些，他们若能把奖项弄得少一点，就不失为一种仁慈了。要不，就偷偷摸摸地干。对那些具有家族分赃特征的颁奖，我是从不敢要求程序公开的，既然他们分赃的意志不可动摇，那么，偷偷摸摸地干，总好过明目张胆。在现阶段，这两条狼狈至极的建议，倒不失为应急之策。更狼狈的是，它仍然像一种无助的祷告。

2011 年 8 月 19 日

# 一等奖为何空缺

在各类评比中，第一名或一等奖空缺，俨然是一种中国特色。

某原创中文网最近举办了一届“小小说大赛”，担任评委的解玺璋先生在题为《草根写作的一次盛会》的综述里写道：“本届小小说大赛没有产生一等奖，应该说是个遗憾。但也确如一些评委所言，这次大赛的入围作品整体水平没有拉开档次，缺少特别突出的作品。因此，建议一等奖空缺，同时增加获奖名额，并适当提高一些奖项的奖金额度。”

我对这家网站及本次大赛缺乏了解，好在本文只拟借题发挥，并非要对这次评比进行评论。这是必须先行说明的。

哪怕泛泛而论，我也敢断言“一些评委”所持理由并不成立。换个角度看，所谓“入围作品整体水平没有拉开档次”与其说“是个遗憾”，不如说是值得肯定之处，因为那正好说明入围作品水平接近、竞争激烈。惟其如此，才更需要评委发挥才智、认真掂量，以便找出那位略胜一筹者。我们看世上高水平的比赛或评奖，哪一次是以入围选手水平悬殊为特色的？相反，如果李白和高力士同台竞技，我们倒要质疑其入围标准是否胡闹了。于是，下一条理由“缺少特别突出的作品”就同样可疑了。请问，为什么一等奖获得者非得遥遥领先呢？那不相当于你一定要在鸡群里寻找一只鹤，或在鹤群里寻找一只长颈鹿吗？顺着评委的逻辑，刘翔在110米跨栏比赛中赢了对手百分之一秒，就无权获得冠军；美国奥斯卡大奖评比中获胜方只多出一票，就不配高举小金人。因为，两者都不具备“特别突出”的优势。

令一等奖空缺者所持的理由，有个堂皇说法叫“宁缺毋滥”，窃以为正是这个说法，迷惑了我们的评委，使他们可以一边偷懒，一边还貌似不经意地把自己粉饰成高标准的捍卫者。其实，该说法属于不折不扣的文字蛊惑，它违背了评比的基本原则，即，任何一种评选，都必须结合选手的实际情况，我们是在参赛者中选拔相对最优者，而不是事先抱定一个理想目标，再去责难参赛者没有达到该理想值。即使在诺贝尔文学奖获得者里，成就也未必不分轩轾，我们若将其中成就最高者树为标准，那么，“宁缺毋滥”的后果就是：平均三十年也不会诞生一位新的获奖者。所以，一等奖云云不宜被用来寄托理想，只能用以鼓励现实中的优秀者，而所谓优秀，从来都是相对的。如果评委选不出优胜者，那就等于承认，要么他们树立的标准有误，要么他们缺乏应有的眼光，无力从差不多同时撞线的选手中，找出那位领先了百分之一秒的人。

我还发现，一等奖空缺是一桩对评委过于有利的事，毕竟，获胜者若难以服人，评委的能力就可能受到质疑。现在倒好，动辄宣布“一等奖空缺”，不仅省去选拔甄别之烦，还能兼得“高标准捍卫者”的不实之誉，好处实在占了太多。该事另一个负面性在于，它会对参赛者构成莫名贬低，因为评委们仿佛在向参赛者宣布：我们是一群屈驾光临的大牌专家，而你们只不过是一批不堪造就的平庸者；你们的表现辜负了我们的预期，“一等奖空缺”就是你们集体平庸的证明。我这么说也许过于严厉了，我相信大多数评委并未虑及这一层，但我还是要说，就客观效果而论，这份贬低确实存在。

其实，一等奖之设还有奖优罚劣的仪式化功能，将仪式化功能贯彻始终，本身另具一种价值，不容漠视。说穿了，在世上已有的人文类颁奖中，没有一种可以保证不看走眼，被瑞典文学院遗漏掉的一流文学大师，甚至超过实际获奖者，但这不是诺贝尔文学奖宣布获奖者空缺的理由。同理，古时的状元郎，成就也未必高于探花和榜眼，有时，个别落第秀才的成就还远在状元郎之上，但古人何尝以“宁缺毋滥”为由，宣布今年的状元取消？可见，以选手不够格为由取消一等奖，还隐约暴露出评委的狂妄，他们好像认为，给某位基层文学爱好者颁奖，是一件不够脸面的事。

依我小见，任何情况下一等奖都不应空缺。所以，国内屡见不鲜的一等奖空缺现象（另一个相映成趣的现象是：同时让多人获得一等奖），实际折射出我们一代代专家的审美和判断力迷茫，以及责任的缺失。

2007 年 12 月 11 日

# “文无第一”辨

我孤陋寡闻，不知“文无第一，武无第二”的说法出自何方神仙之口，尽管我多次在他人笔下见到这条八字方针，引用者也多次强调那是“古人云”。也许，所谓“古人云”只是一个现成幌子，方便人们理直气壮地人云亦云。

我最初是在新派武侠小说里见到这句话的，印象中，还不曾见到有人对它进行质疑。今日得闲，且对它问上一问。

先说“武无第二”。这话大可商榷，因为只有一种情况，“武无第二”才有望成立：两位公认的绝顶高手，用公认的方式进行决斗，胜者为王，同时，竞赛规则已经预先排除了和局的可能。以重量级拳王比赛为例，如果规定时间内无人击倒对方，则依点数判定胜负。然而，即使这种情况也难以服众，因为公认的方式并非唯一的方式，为什么武林第一的宝座非要让给一个舞弄拳头的家伙呢？篮球天王或足球皇帝，缘何不能染指盟主之位？即使比武，又凭啥非要依照拳击规则？若结合别的功夫，如我们在《水浒传》里所见，身轻如燕的“浪子燕青”，也能对巨无霸的“擎天柱任原”战而胜之。有些年轻人难免还会想，按照中华武术规则，重量级拳王能否在少林高僧手下过上三招，还大可存疑呢。另外，根据一则相声的经典提示，我们还知道关公无法战秦琼，这等于预设了“武林第一”的时效性。即使在同一时期，各位好汉往往也各擅胜场，并不存在一位可以在十八般武艺里处处高人一头的绝顶高手。再说，竞技活动还讲究临场状态，“此一时彼一时”的道理最可能在比武中得到体现。再伟大的选手，也会因竞技状态不佳而一度低迷，根据一场比赛的表现来判定高下，根本就是不公正的。人不是机器，个人拥有的竞技能力永远不等于电脑的 CPU，可以让工作状态稳定在额定频率上。简而言之，“武无第二”的说法虽有点小道理，但不通之处更多。

再看“文无第一”。在这方面，文武差异，并不如想象的那么大。适用于武的，未必有悖于文；适用于文的，未必乖违于武。与武不同，文人间的优劣比较，难免会“关公战秦琼”，而不宜仿效“华山论剑”的现场比试。我们知道，赛诗会上的获奖者，往往只是民间文体活动中的优胜者，与大师级的文学成就无关。与武相似，文学领域同样林林总总，门类杂多，允许并鼓励不同作家在各自擅长的领域一展身手。即使领域重叠，人们也愿意欣赏风格的多样化，所以，比较杜甫和李白谁更伟大，只会授人以柄。俄国人也不会因为托尔斯泰的出现，就嫌契诃夫多余。

这样看来，把那八个字改成“文无第二，武无第一”，不见得更不靠谱。常情是，一位作家在某种体裁上得心应手，往往预示了他对另一些体裁的无能为力，这道理就像马拉松选手必然不会成为百米冠军一样。比如，构成周作人随笔成就的巨大才能，很可能限制了他成为一位小说家。诸如理性与感性，想象力与洞察力，结构力与文笔，也有彼此抑制的特点，不可能让一位大才子大包大揽。当然，一旦我们收缩范围，避免出现“诗人与小说家谁更伟大”这种不伦不类的比较，找出某位“第一人”来，倒也并非难事。文人之间，有可比者，有不可比者，这迫使“文无第一”的说法就像一只机械失灵的老式怀表，时准时不准。我们也许不该比较罗贯中与施耐庵之间的高下，然而，看出曹雪芹乃中国长篇小说第一人，当不会触犯众怒，否则，“文无第一”的说法就会由相对主义堕入到虚无主义去了。也正因此，布鲁姆在其名著《西方正典》里，不由分说地把莎士比亚视为西方现代作家的精神父亲，“文坛第一人”的地位，说得坚如磐石。在中国，将司马迁视为史学领域的第一人，也不会存在任何争议。

绝对第一，说不定也有，只是人类的智力难以衡量。这不像山峰，你可以说珠穆朗玛峰最高，但不能说托尔斯泰就是珠穆朗玛峰。另外，珠穆朗玛峰虽然最高，但她未必最漂亮、最雄奇。老练的登山家会告诉你，攀登珠峰远比攀登其他山峰来得容易，登上珠峰的人现已不计其数，而海拔不如珠峰的梅里雪山，至今尚未等来第一位征服者。可见，即使量出了海拔高度，仍可能说明不了问题。

看来，“文有第一”还是“文无第一”，都只不过说了一个侧面，我们犯不着把它当成一种文学定律来照搬。

2008 年 7 月 6 日

# 蹊跷的“信达雅”

说到翻译标准，中国读书人往往不假思索，脱口而出就是“信、达、雅”三字，口气里的坚定无疑，仿佛在背诵“七七四十九”。

该三字诀出自中国现代翻译的杰出开拓者严复。在《天演论》的“译例言”里，他强调了“译事三难：信、达、雅”，旋即又补充道：“《易》曰：‘修辞立诚。’子曰：‘辞达而已。’又曰：‘言之无文，行而不远。’三者乃文章正轨，亦即为译事楷模。故信、达而外，求其尔雅。”

对严复为现代翻译创立的不世功勋，前人虽作出了充分肯定，但他们也告诉我们，就算“信达雅”三字“要为从事翻译者永久之模范也”（胡先骕语），严复本人也不是实践该标准的楷模，他的翻译既不“信”，又欠“达”，只是在“雅”上做足了功夫。他精纯的文言，据说“骎骎与晚周诸子相上下”，“雅”得不可开交。如果他在翻译古希腊大哲的文字，采纳如此古意盎然的文言，自不失郎才女貌，门当户对，可他译介的多是充满新知的现代学术著作，原著未必以文字古雅著称，故其一味“求其尔雅”，便难免予人“霸王硬上弓”之感，别求之新声，未必原著之旧音。设想一下，若有人非要用典雅的“骚体”或六朝骈文来翻译美国现代派诗人金斯伯格的《嚎叫》，你对译者除了佩服之外，难道就不会嘀咕点别的？你可能会想，以飞蛾扑火的方式追求典雅，只会把“信、达”二谛彻底谋杀。

后生如我，试图批评严复，不仅大乖体统，还有向古战场开火之嫌。何况，严复本无可指责，他提到“信达雅”，乃是感叹自身在翻译过程中遇到的“难”处。考虑到严复所处时代及他试图通过典雅文辞吸引守旧人士关注的用意，他将“信达雅”三字擢升为“译事楷模”，本身也有随机应变的考虑。质而言之，这是一个适用于严复也仅仅适用于严复的“译事标准”，后人盲目师从，把它奉为翻译大法，恐怕不够明智。

“信”够得上翻译标准吗？不行。翻译守“信”乃是一项基础要求，不值得悬为鹄的。如果连“信”都做不到，导致张冠李戴，或把孟子译成“孟修斯”，把“银河”译成“牛奶路”，我们不是指责译者不够优秀，而是认定他不配从事翻译。因此，“信”只是基础，“标准”与“基础”尚有距离，不宜混为一谈。

“达”的情况比较复杂。我觉得，如果把“达”视为对原文的准确传递，事情就简单多了。“达”包含诸多指向，词义是一方面，风格是另一方面。真正的“达”，不应该只是对文意的机械照搬，还必然包括对“神韵”的竭力捕捉。如果这一点做不到，“达”就不配成为“标准”；如果这一点做到了，“雅”就多此一举，因为，“雅”已经包含在“达”的范围之内了。确切地说，“达”包括但不限于“雅”。如果原文甚雅，译文自当“求其尔雅”，力争无愧于原作；如果原文的风格以严谨庄重取胜，译文却一味摇曳情怀，妖冶文词，这样的“雅”，几可以“恶俗”视之。所以，一旦我们确认了“达”的范围并将它树为标准，“雅”就不必单独拿出来强调了。“雅”理应溶化在对“达”的追求之中。

如此看来，“信达雅”三项，“信”不配成为标准，“雅”可能是一种画蛇添足，只有“达”才真正够得上标准。

若嫌单独一个“达”缺乏力度，我觉得钱锺书先生在《林纾的翻译》一文中提到的“化”字，有望成功地助推一把翻译之境。钱锺书结合许慎《说文解字》的解释，发现“译”“诱”“媒”“讹”“化”诸字，存在一种“一脉通连、彼此呼应”的意义，他因此提醒我们：“翻译的最高理想可以说是‘化’。”“化”是一个类似于“投胎转世”的过程，“躯体换了一个，而精魂依然故我”。“换句话说，”钱先生概括道，“译本对原作应该忠实得以至于读起来不像译本，因为作品在原文里决不会读起来像翻译出的东西。”

嗯，这就够了。归纳一下，翻译的标准，只是一个“达”字，而翻译的境界，取决于一个“化”字。与“信”“雅”云云，浑不相干。

2008 年 1 月 25 日

# 陆军中将的希腊风

我相信，中国肯定有一些读书人，把普鲁塔克的名著《希腊罗马名人传》，怀揣成一桩沉沉心事。商务印书馆 1990 年 11 月出版该书上册之后，竟然迄无下文。站在与人为善的角度，我不妨将此理解为出版社的自重，宁缺毋滥。联系到国内学术界的不景气，得以胜任的译者想必日渐凋零，我甚至不无绝望地想：大概永远等不到中册和下册了。我注意到，商务版的上册，不仅译者众多，所据版本也不尽相同，大多数译者依据英译本，个别译者则依据希腊文。继续与人为善一下，我恐怕不应指责出版社行事错乱，只能感叹兹事艰巨。不过，站在读者角度，就只能听任这桩心事日趋浩茫了。

谁知，好事来了，吉林出版集团一下推出了煌煌三大卷《希腊罗马名人传》。再一看，译者只是一人；更让人惊讶的是，译者席代岳先生还是业余出身，退役前乃台岛的陆军中将。除《名人传》外，他还以一己之力译出了爱德华·吉本全套六卷的《罗马帝国衰亡史》。作为对照，我粗粗翻过的商务版《罗马帝国衰亡史》只是删节本，译者也有两人。我于译事虽一窍不通，也不得不向席代岳先生死命鼓掌。与国内专家的相对低效相比，业余的席先生甚至让我联想到英国文豪约翰逊博士，后者独力编出的英语词典，也曾以一人之力羞辱了法兰西四十名院士。

早在读到商务版《希腊罗马名人传》之前，我即从一位西方随笔家的文字里听说，普鲁塔克在该书开头说了句气概非凡的话，大意是："在我笔墨之外，世界上没有重大事情发生。"检点商务版该书开头，果然有这句话，表达上虽有些斑驳，但意思还在。普鲁塔克先是说有些地理学家"把世界上那些他们毫无所知的地方填塞到自己绘制的地图的边缘，并加上注释：'超越这个范围，只有干涸无水、猛兽出没的荒沙大漠'"，然后，他以类比法说出了自己的大话："超过这个范围（即在自己笔墨之外），那就唯有种种传说和杜撰的故事了。"

假如事先不曾听说普鲁塔克这句大话，只从席先生的译著接触该书，我得说，读者未必读得出那份有趣气概来。在席先生笔下，意思迥然不同，普鲁塔克似乎毫无说大话的意愿，他只是表示："我要不这样努力去做，那么以后除了传奇和神话，其余的史实都无法留存下来。"更纳闷的是，对比商务版《名人传》和席先生的译著，全书第一句话的意思就相距甚远。

商务版是："哦，索西乌斯·塞涅基奥！地理学家把世界上那些他们毫无所知的地方填塞到自己绘制的地图的边缘……"

席先生的翻译是：“地理学家索休斯对广大的世界仍是所知有限，在他绘制的地图上面……”

据商务版，索西乌斯只是普鲁塔克的老友，普鲁塔克开头呼其大名，乃是为了“向他致意，表示将这些作品献给他”（见商务版注解1），后文的地理学家另指他人，故译者还在索西乌斯后面用了一个感叹号，以示分属。而在席先生笔下，题献之意悉告蒸发，索休斯（即索西乌斯）直接成了地理学家。对于我们这些没有能力也没有条件核对原文的读者，该以何者为是呢？我在论坛上提出这个困惑时，一位精通英语的网友迅速提供了这句话的权威英译本原文：“As geographers，Sosius，crowd into the edges of their maps parts of the world which they do not know about……”我看明白了，鉴于原文中的地理学家乃是复数，且Sosius后面还有一个逗号，席先生开篇第一句的翻译，确实弄错了。索休斯是不是地理学家，原是小事，但以小可以窥大，我们恐怕有理由怀疑，他下文会不会把庞培说成屋大维呢？

已故大翻译家罗念生，为尊重古希腊人的表达习惯，翻译荷马史诗时，连尾韵都不用，理由是，荷马史诗本来就不押韵。罗先生还告诉我们，英国著名学者G·默里翻译欧里庇得斯悲剧时，在“夜”字上加一个“黑”字，他的弟子T·S·艾略特便认为老师“把欧里庇得斯弄死了”。这个要求高得让人肃然，也许我们不该拿它来衡量普通译者，尤其是像席代岳那样的前陆军中将。话说回来，在席先生笔下不断听到古希腊人吟出中国味十足的诗句，我也有连挨闷棍之感，译成“诤友如管鲍，可贵胜珍宝”还算客气的，在1249页，我们连续见到“寻章摘句无足论，语不惊人死不休”“人生自古谁无死，留取丹心照汗青”的诗句来，几疑杜甫或文天祥剽窃了古希腊人。反正，让我从席先生的翻译里引述希腊高贤的诗句，我是万万不敢了。

翻译好比运输，古希腊文经由英语中转，再迢迢转赴汉语，其中磨损之巨，可想而知。以运输为例，相当于从上海空运的大闸蟹，在中途岛滞留一天后再转赴墨西哥，死伤大半诚不足奇。不过，出现“人生自古谁无死”，就相当于从地球空运大闸蟹，在月球上滞留一周后再转赴火星，火星人所见之物，恐怕连大闸蟹的化石都算不上了。看来，我不得不收回此前将席代岳先生与约翰逊博士比较的鲁莽行为，并将掌声由之前的“死命”级调整为礼节性的敷衍级。毕竟，译出共计1956页的史学巨著，无论如何是件谈何容易的事。

2009年10月27日

# 唐德刚：山人自有主张

我心目中的文史好汉唐德刚，终于独骑瘦马，踏月而去了，享年八十九岁。那也是一个适合古希腊文化英雄的年龄，悲剧家索福克勒斯就活到这把年纪。

虽然失去了一座高山，好在，构成历史学家内在生命的，是作品，因此，山依旧矗立着。“泰山其颓”之类俗世套语，用在才思夭矫的唐德刚身上，我以为毫无必要，正如我也不会用什么“驾鹤”来表达哀怀，那与唐德刚融阳刚壮美和顽猴脾性于一身的学术气象，并不般配。我估摸，他一定急着找他的老师兼忘年交胡适博士没大没小地聊天去了。

评价唐德刚先生的文史成就，远非我所能，不过，说到对唐先生的喜爱，我无意甘居人后。值此怀人长夜，细检喜爱之由，我觉得，有三种突出的禀赋，共生共济，相激相荡，联袂促成了唐德刚的非凡成就，我可以把它概括成通人、达人和才人。

试问，身为史家，唐德刚可有什么足以标明自家名号的主义或方法，类似黄仁宇先生的“大历史”或“数目字管理”？我的答案是没有。提到“吾人治史”，唐德刚说得最多的，是那个中国文化人耳熟能详的六字真言："笔则笔，削则削。"我听他如此自报家法，已不少于五六回。乍闻此言，真叫卑之无甚高论，因为那原是孔子"春秋笔法"的核心原则，中国读书人对之咂吧了两千余年，早已把它嚼得题无剩义，如何还能倚为独家秘技？——然唐德刚的无双利器，正在此处。

倘拘泥字面，所谓"笔则笔，削则削"，不过是该添则添，该删则删，别无新意。殊不知对这句话的理解，本身就得结合"微言大义"。说来至简与做来极难，原非矛盾，历史学家以还原历史真相为首务，还原真相则以充分占有史料为基础，然而，正如遍布裸裎男女的海滩未必比帷幕重重的宫廷深院可以展示更多人性，未经深思细择的毛坯史料，也断然不会自发地生成史学。我们所谓历史的客观与公正，只能是经由史家锐眼烛照之后的再客观、再公正，故一删一削，最能扑闪出治史者的功夫见识。唐德刚频以此六字自勉，初衷恐不是向孔子致敬，效仿夫子的大义观和褒贬术，而是径直回归史家本分，强调自己"不为两方师爷作注也"的气概。老掉牙的手段，仍然不失辣手本色。

据此，当年胡适向唐德刚亲口说出的一段话，倒不妨视为唐氏治史法的旁白："我说被孔丘、朱熹牵着鼻子走，原无骄傲之可言；但是让马克思、列宁、斯大林牵着鼻子走，也照样算不得好汉。"如此行事，恰是学界通人一族的当行本色。

欲成为第一流史家，窃以为须兼备两个条件，首先，他得身负不世之才；其次，他得老实，老实，再老实。汪洋才气辅以愚直态度，好似天马不辞缓步，如此，再幽僻的历史暗角，也会向他漏出一罅天光。擅长“口述历史”的唐德刚，在资料收集和占有上，可说做够了笨鸟功夫，给李宗仁、胡适诸公立影造像，时间跨度可达六七年，甚至终生以之。

史家的最后荣誉，必赖深刻可靠之见识而后立，故所谓史家之才，亦在“世事洞明、人情练达”八字上逗留徘徊，若非如此，则人事幽秘难得其真，历史纵深无由溯及。每一位唐德刚的读者，想必都会折服他的见识，较之他缕述的历史种种，人们更加心仪于他风生水起、切理餍心的分析议论。他仗着史家本能和顽童心性对胡适给“偏怜独女”命名为“素斐”所做的汲探（“‘素斐’者，Sophia也，‘莎菲’也！”，莎菲者，胡适女友陈衡哲也），并得出“所以新文学、新诗、新文字，寻根究底，功在莎菲。莎菲！莎菲！黄河远上白云间，你就是天上的白云、人间的黄蝴蝶啊！”的新奇结论，让人喷饭继之以钦佩；他在《袁氏当国》末尾当仁不让地写的一句话“自民国有史以来，吾尚未见一本、一篇甚或一页对袁有正面评价之书。有之，或自不才始也”，我非但不嫌其狂，反觉清风徐来。史家而能练达如此，文字遂得江山之助。

一位史学大家，有必要同时成为文章大家吗？当我们把文章漂亮作为衡量史家的标准，也许对寻常史学工作者有欠公正，虽然，真正的史学大师，又大多兼备一副文章妙手。普鲁塔克的《名人传》不知激荡了多少欧洲人的心灵，除了笔下的英雄事迹，文笔出类拔萃也是原因之一；《罗马帝国衰亡史》的作者爱德华·吉本，文笔素为人称道；至于中国的绝代史家司马迁，单凭文章也足以傲视千秋。对此，唐德刚亦尝再三道及，他还赞叹过太史公把安徽土话“伙颐”（即今之“伙计”）写入古文的酷笔。我得说，史家兼备文采风流，初非在于吸引读者，出众的笔墨才华，本身有助于更加精准地再现历史的繁复、挖掘心灵的款曲。因为，凭一把大铁锹是无法修理瑞士钟表的，我们手上非有精细工具不可。语言之道亦可作如是观，何况，如他“雄伟深刻而俏皮”的老友周策纵先生所说：“德刚行文如行云流水，明珠走盘，直欲驱使鬼神，他有时也许会痛快淋漓到不能自拔。但我们不可因他这滔滔雄辩的‘美言’，便误以为‘不信’。德刚有极大的真实度。”此论正中下怀，我对唐德刚先生才人本色的赞叹，也是以确认他有“极大的真实度”为前提的，舍此则不足论矣。

“士君子读书为学，要‘山人自有主张’，管他鸟洋人！这一点，我倒佩服胡适做学问特立独行的风格。”这话，也是唐德刚的夫子自道。斯人殁而山人亡，说他一个人带走一个时代，恐不为过。

2009 年 10 月 31 日

# 埃科及公共知识分子

我刚读完《密涅瓦火柴盒》，作者意大利人翁贝托·埃科是“欧洲重要的公共知识分子”，这本书荟萃了他以公共知识分子身份发表在意大利报刊上的专栏文章。我一边拜读，一边拿印象里的中国知识分子来对照，不禁感慨和错愕交迸。

作者生活在当代成熟的民主社会，我国则处于允许探讨“民主是不是好东西”的阶段，不同阶段形成的文明落差，足以造成不知今夕何夕的反差。

“如果说人们可以抱怨当今社会的种种弊病，”埃科说，“他们唯一无法指责的就是透明度。”埃科说的是老实话，而我可说的老实话，只能与他对着干：“如果说人们可以抱怨当今社会的种种弊病，他们率先需要指责的就是透明度。”在埃科的世界，言论自由得到了强有力的制度保障，并由社会各界共同信守，这使得政治领域里任何一桩丑闻，都难逃媒体追魂摄魄的追杀；不仅如此，揭露社会黑暗面、批评执政党及其领袖，在彼邦早已义务化了，甚至，还有走向趣味化之势，此类“趣味化”，最能见出民主的烂熟特征。说到意大利总理贝卢斯科尼，我的印象是，意大利人选择他，主要是看中他的娱乐价值，选他就为了嘲笑他。意大利人针对政要的批评是如此严厉，以至埃科不得不在《民主如何摧毁民主》一文里，呼吁保护他们可怜的领导人。他担心，这些饱受攻击的政要沮丧之余，有可能让自己“躲藏在忠诚于他的那个小圈子里”，闭目塞听，遂导致如下结果：“对世界负有重大责任的人物往往对于现实世界一无所知。”这话，听在那些经常要把政要的当天言论作为“重要讲话”来学习的人耳朵里，一时还回不过神来。必须承认，执政的透明度，在我们这里俨然患上了白内障。埃科谈论公共话题，是在透明度不虞匮乏的基础上进行的，所以有条件探讨后续和高端问题，我们的知识人，却必须首先去撞击那堵混浊墙体，往往无暇顾及其余。

鉴于批评政府和政要在西方是如此零风险，使得埃科无法像其法国前辈左拉那样，通过行为的英勇性获得声誉，他只能另谋尊严。埃科说：“我在创作专栏文章时所遵循的另一条原则是拒绝人云亦云。我认为，当一个人杀害了自己的母亲，而公众都认为这是一项罪恶的举动时，我便没有必要写文章再谴责他了，因为那样做无非是简单地激发一下大众的同情心。但如果大部分公众都认为这个人的弑母行为是正确的，并且符合法律程序的话，那倒是值得写上几句自己的看法。”根据这条唯智原则，假设埃科来中国观光，面对群情汹汹的“躲猫猫”“倒钩”等事件，他会放弃谴责吗？因为，此类公共事件虽然让人震撼，却也具有如下特点：在事件的认知和性质的确认上缺乏难度。普通人尽管一度被归类成“不明真相的群众”，但他们早在地方政府认错之前，就把真相看得一清二楚。知识人若坚持发表意见，除了“简单地激发一下大众的同情心”，别无他事可做。他们受到喝彩，不见得是出于理性或智慧上的高见，而是勇敢地充当了大众代言人，说出了达到大众认知水平的话，让民众产生“痛快”“解气”的共鸣。当我们把目光聚焦于时评家群体，这个特征更加明显。请恕我再多句嘴，我发现，不少读者肯定某位知识分子的见解，往往以该见解符合他自身的认识为前提，他们赞美对方，实质是为了表彰自我，抒发某种“英雄所见略同”的快感。反观埃科置身的民主世界，民众捍卫权利的通道纵横四海，没有人需要你为他请命，所以，知识人若只想着展示正义，媒体大概会请他歇着，正如我们也会不带埃科玩：这个大胖子，面对弑母恶行，竟然不发一言！不仅如此，他还有闲工夫向读者介绍一本无聊透顶的《牙签论》，津津乐道自己夜闯网络色情岛的经历……

对埃科来说，唯一称得上勇敢的行为，不是冒犯权贵，而是激怒民众。针对意大利人爱看的“庭审直播”，埃科多次撰文，痛加驳斥，矛头直指大众的愚昧，并将此事的恶性度，定位到“破坏宪法”的高度。果不其然，他收到了大量来信，尽是谩骂。全世界愤青是一家，他们的问题不是缺乏正义，而是徒剩正义。其实，埃科何尝不正义，他只是运用出色的理性，重新审视了对象，并发现了其中乖违正义之处。就为这，他被那些只看得懂原生态正义的意大利愤青，骂得狗血喷头。我们这边貌似相反，由于是非善恶往往过于分明，对正义的吁求又过于切峻，公共言论家只能全方位地绑定民生立场，他们针对邪恶事件的声讨有多尖锐，他们捍卫民众权利的意志就有多坚定；对民众寄予最大的同情和声援犹恐不及，哪里谈得上激怒他们。再则，面对不惜开胸验肺的民工，拒绝为其代言，还真需要一副铁石心肠不可。当道义与智力发生冲突，我们只能踢开智力，唯道义是举。

鉴于我们的政治生态还相对滞后，我们不时从网络、报刊上见识到的公共事件，又不乏反智化特征，所以，怀抱智力矜持的埃科会显得格格不入。我想，让埃科去批评那个视民众为“屁民”的局长大人，固然有辱智力，但没有知识人捏着鼻子加以还击，并形成合唱般的舆论声浪，势必有更多的底层民众被更多的局长骂成“屁民”。这确实不是一个智力问题。

从长远来看，公共知识分子理应固守本义，在公共事务中坚持与大众进行脑对脑的沟通——区别于心对心的感应、血对血的激荡——纯以自己出众的理性立场为社会效劳，但这依赖于民主环境的成熟及公共平台的建立。对此，我们不妨参照胡适“不可救药的乐观主义”做派，任何时候都保持信念。

2009 年 11 月 20 日

# 善待作文奇才

呱呱小儿，但饮牛湩，至于弱冠，不明犍状。偨偨之豚，日食其豝，洎其成立，未识豣豭。

这不是最新考古出土的上古佚诗，而是2010年江苏考生王云飞同学的高考作文。全文近八百字，遣词造句极尽生僻古奥，把阅卷老师个个看得抓耳挠腮，怔忡莫名。令人抚掌叹赏的是，细玩文意，文章还紧扣了《绿色生活》的命题，言内言外，多少扑闪出家国之念、黍离之悲、绿色之想和归隐之思，殊为难得。

“不仅普通阅卷老师不认识、看不懂，”南京市语文基础知识阅卷组组长、古典文献学专家吴新江先生对记者说，“就连我这个教古典文献的老师，也不全懂，有些见过但没用过，还有四五十个古字根本不认识。回去后我查阅资料，做了注释，光注释就写了满满四页！”最终，经集体评议，阅卷组对这篇奇文给出了高分。

这个结果是我乐见的。最近几年，每当高考结束，总有几篇奇特作文惹动媒体争议。看待此事，不妨话分两头。就考生这一头来说，我“一百年不动摇”地希望个性学生越来越多，因为它表明，虽然应试教育的魔咒还远远没有解除，但考生的写作头脑并未悉数遭到驯化，仍有个别心怀不羁的学生，放胆一试，即使有可能被判为“零分”，也执意要在高考这个重量级竞技场上，一展真喉，恃才傲物一回。

这么说的前提，只是尊重作文的特殊性，我无意将它扩展到其他学科。由于作为写作更高荣耀的“别出心裁”和“别具一格”，技术上难以纳入作文评分的奖励体系。相反，落入惩罚体系的危险倒始终存在，结果遂颇为讽刺：现行作文评分方式所竭力卫护的公正性，竟然只有在学生循规蹈矩、按部就班之时，才有望得到体现，一旦考生心存一鸣惊人之念，即可能横遭不测，致使考分一落千丈。可站在写作角度，有此“一鸣惊人之念”，又是多么可贵的写作素质！这是作文评分命定的悲哀，不独今日如此，古代科举场上的蟾宫折桂手，也未见得是文学上的斲轮老手；倒是文学高手沦为落第秀才，更像是一种常态。

这便要回到“话分两头”的另一头，即作为阅卷老师，遇到一篇笔墨别致、观点异样的作文时，该当如何？我以为，虽然老师多半不是伯乐，但这不构成他们扼杀良驹的理由。至少，他们应该心生预警，小心从事，以便在不违背公正的前提下，优先斟酌法外开恩的可能性。南京市阅卷老师的做法就相当可取：那位老师尽管看得迷迷瞪瞪，但还是坚持把这篇“出土古文”交给特设的“怀疑组”，由专家们审慎评议。相形之下，我不时在网络上看到的若干高考“零分”作文，其评分理由之粗暴，使人不禁要想：相对于学生作文的格式化和虚假化，语文教员阶层的平庸化和反智化，或许是一个更为触目的现实。

不过，就眼前这篇作文而言，它虽然有着足够充盈的奇异性，我却不敢肯定作者具备同样骄人的写作才能。确切地说，这位考生只是娴熟地表演了运用冷僻古汉语词汇的能耐，该能耐固然得之不易，与写作才能毕竟不是一回事。作为读者，我们好像不好意思相信：一篇文字极尽艰涩之能事的辞章，其意味有可能是稀松平常的。我们稍不留神即可能将文字的古奥与见解的别致混为一谈，其实，未必。这篇看上去如此难得的作文，也是如此，若把它译成白话文，那寄存在生字僻典里的丰饶意味，有可能失却大半。有一说一，我在这篇作文里看到的，除了罕见的古汉语资质，主要便是一种逞才欲了。逞才欲是优点，至少对年轻人是如此；年纪轻轻却不知逞才，那才叫暴殄天物呢。且不说大人物也有此爱好，如荷兰十六世纪著名哲学家伊拉斯谟，读小学时恣意逞才，逼得他的拉丁语教师写信对他说：“万一你再写这样典雅的信，请加上注解吧。”再则，就算我因为眼拙而暂时看不出这位学生的写作异禀，我仍然可以期待他日后成为一名出色的古汉语专家，一位学术上的大人物。

哦，听说考生王云飞报考的是理科。这也不坏。何谓

"前途未可限量"？这就是了。鲁迅先生最初学的是医科，胡适博士在美国康乃尔大学最初学的竟是农科，这至少说明，最初选择学什么，与最终成就什么，未必是一回事。

2010 年 6 月 29 日

# 处方式教育法

首都师范大学侯会教授在博客上发表了一篇文章，提议从中学课本里拿掉《鲁提辖拳打镇关西》，理由是：“少年人血气方刚，易于冲动，思想尚未定型，是非辨别能力稍逊成人；读多了《水浒》文字，难免要揎拳捋袖、跃跃欲试，其后果不言自明。”

最近几天，我在看美国人拍的十集战争巨片《太平洋战争》。这部片子播出后好评不断，上网一搜，相关视频随处可见，街头小音像店也把它放在醒目位置。假如侯教授的理由成立，他最好立即呼吁封杀《太平洋战争》，因为说到场面的血腥恐怖，《鲁提辖拳打镇关西》就太不够刺激了，总共打了三拳，与《太平洋战争》里动辄几百吨炸弹倾泻而下的血肉搏杀，相距甚远。同时，想象我们“血气方刚”的中学生会自觉抵制这部电影，也过于天真。

说到我自己，由于毛泽东在1975年公开发表了两条关于《水浒》的著名语录，一些出版社闻风而动，火速出版，我遂有幸早早读到了《水浒传》。没错，那年我还在读小学，因手头没有别的书可读，我只能把一个少年人能调集的全部注意力和情感，悉数投射到梁山好汉上去。现在反省，虽然我读《水浒》还早于侯教授视为太早的中学时期，但侯教授担心的“揎拳捋袖、跃跃欲试”的后果，竟然并未发生。

在论证自己观点时，侯教授还曾借鲁迅的判语以自壮，鲁迅说：“中国确也还盛行着《三国志演义》和《水浒传》，但这是为了社会还有三国气和水浒气的缘故。”可惜侯教授忽略了两点：其一，鲁迅的话里并未包含“中学生不宜读《水浒》”之意，因而不构成对侯教授观点的支持；其二，作为《中国小说史略》的作者，鲁迅本人在自己“血气方刚，易于冲动”的少年时代，读过的类似小说比谁都多。

不瞒诸位，我最怵撞上侯会教授这样的大好人了。单看他的出发点，不仅堂堂正正、无懈可击，抑且还感天动地，我都打算向他深鞠一躬了；批评这样的作者，我简直要担心遭受报应。瞧，作者深深忧患着下一代的身心成长，不忍他们在成长过程中遇到任何负面影响，为此发出菩萨愿，决意替他们铲除一切成长道路上的稗草。愿望美好得让人顿生高山仰止之心，谁知面对具体方案，我又不得不震惊其中的蒙昧，因为，顺着他的思路，岂止《鲁提辖拳打镇关西》要遭到禁绝，中国文化典籍里的大量内容，都得打入另册。因为侯教授为了恢宏其辞，还把语文课文的入选标准，与“社会的进步，制度的改革”及“具有现代的法制观念、公民意识和民主精神”等宏伟目标结合起来。谁敢对作者的宏大理念说“不”呢？至少我不敢。只是这样一来，别说《三国志演义》和《水浒传》，连古老的《诗经》《楚辞》以及鲁迅先生誉为“史家之绝唱，无韵之离骚”的《史记》，都在禁绝之列，曹雪芹的《红楼梦》更无幸免之理。说白了，要在上述作品里找到“现代的法制观念、公民意识和民主精神”，只有极度变态的学者才能办到。

最愚蠢的建议，竟然掩映在最神圣的辉光里，这足以让批评者不知所措。

作者的谆谆告诫，恰恰忘了一个基本前提：语文课首先是一门基础课程，“公民意识和民主精神”再重要，也不能替代语文课的原初目标。让中学生了解并掌握历代优秀的文学作品，通过课堂学习获得传承文化的能力，乃是语文教育者的基本使命。把语文课改造成公民道德课，实质是对语文的漠视。尽管，在中小学教育中恢复始于民国时代的“公民教育”课程，确是当务之急，但不必以扭曲语文课本身为代价。

作者更大的问题在于，他昧于个体的成长法则。在作者的教育理念中，我看到一种“处方式教育法”的内核，即假设中学生都是病人，必须依照某种教育医嘱，按时按量地服用指定药物，一旦学生误服了某些作者视为不宜的课文毒药，身心就会遭受不测。我觉得，作者的方法如果用在喂养婴幼儿或莳花弄草上，效果定然不坏，用以对付田间农作物，也不失为上佳之策。农民一直是这样做的，但中学生不是农作物，作为万物之灵长，他们的身心反应机制遵循着一种远为奇妙的方式。对中学生来说，你给他打开尽可能大的知识通道，他就能获得愈加不可限量的上升空间。成长过程中的适度带毒，往往会促进个体成长，而不是相反。喝纯净水未必有益于健康，在知识领域抱持纯净水态度，把教室弄成无菌实验室，恨不得学生接触到的所有课文，事先都涂抹上某种精神消毒酒精，结果一定是可笑的——如果不是可悲的话。

在今天，认为中学生读了《鲁提辖拳打镇关西》就会“揎拳捋袖”，听上去实在有股化外高人味。这也说明，那些擅长演示崇高教育责任的人，对自己打算教育的对象，过于隔膜。

2010 年 6 月 5 日

# 每个孩子都应与名著约会

提起教育气难按。不过，偶尔听闻一些感人故事，即使规模有限，不过几亩菜蔬，数畦瓜果，也仿佛荒漠中乍见绿洲，予人极大惊喜。《东方早报》有篇报道“名师在家免费开名著阅读班”，读来就有此类喜感。

上海外国语大学附属双语学校语文教研组组长、高级语文教师樊阳先生，放弃丰厚的家教报酬，长年在家为初中生免费开设名著阅读班，每周末一次，已持续20年。教学形态很宽松，在樊老师儿子一间不足20平米的屋子里，师生以一种颇具古风的方式席地而坐，老师“讲得不多，只教给学生基本的阅读方法、相关的知识。推荐书目，学生自己阅读，然后相互交流”。据说，樊老师设定了一个为期三年的教学计划，“从西方文学入门，然后学现代文学，最后是古典文学”。学生的阅读内容，“除了主流的文学作品外，还包括中西方思想史、历史，甚至是时政热点等”。

我对樊阳老师怀有最大的尊重，也愿意怀着相同目的，对樊老师的名著教学方式略加探讨。假如报道内容无误，我冒昧以为，樊老师设定的教学计划，太过宏伟，恐有不切实际之嫌。樊老师也许忽略了一点：名著自成一个教学系统，只要引导学生徜徉其中，名著即能以自身魔力帮助学生成长。一部伟大作品与一颗饥渴好学的少年心灵相激相撞，会产生种种美妙的身心反应。名著虽未必以教育他人为首要目标，但既然认定为名著，它就会以名著特有的方式（亦即其他教学方式不具备的那种方式），潜移默化、无孔不入、春风化雨地影响并滋养着学生。作为课堂教学的补充和深化，我们最好抛弃课堂教学的程式规范，俾使学生换种步伐前进。意大利文学大家翁贝托·埃科也是文学名著的忠实爱好者，和其他文学大师一样，他也有重读经典的爱好，他说："人们也许会想，在这可以拿 A、B、C 诸君的作品来'点缀'我的头脑的时代，为什么读来读去总是老一套呢？问题也就在这里，这并不是老一套。每过一段时候，在大师的永垂不朽的作品中的某种精神总会发生许多改变。例如哈姆雷特、浮士德的眼光以前比我宽广，今天也比我宽广……我可以根据这一点来估量自己的成长、改善、失败以及今后的动向。"他坚信，伟大的文学经典乃是"试验自己成长壮大的试金石"。我曾以为，我们每个人都有一个精神肺活量，阅读名著固然没有眼见的现实功利，却有助于保持精神肺活量的强大和健康。一个拥有强健精神肺活量的人，长大成人后注定不会是庸碌之辈。

对初中生来说，养成阅读名著的爱好，足以受用终生。如果他们有幸在樊老师提要钩玄的指点下，由浅入深地阅读并领会三五部经典名著，未可限量的美妙人生，即可由此起步。以是观之，樊老师设定的庞大教学计划，并无太大必要。该阶段的学生，未必非要系统掌握“中西思想史”，目标太大，不仅无益于他们直面名著，还可能带来额外的惶惑和压力，反过来降低阅读兴味。离开了阅读兴味，再宏大的教学成果也难免纸上谈兵。

我坚持认为，每个孩子在成长阶段，都应与名著多次约会。个别家长（其中甚至包括大学教授），以所谓“考试又不能加分，太浪费时间”为由，勒令孩子退出樊老师的阅读班。如果我在场，且手上正好有个什么家伙，我会照他面门扔过去的。——当然，我不是说我真会这么做，更不是说我应该这样做，而是强调一个事实：依他们的愚行所施诸孩子的长远危害而言，他们只有被打掉三颗大牙，方可见出天理公道。实情是，与生理成长同步，还有一种精神成长，这种成长虽然不会体现为可见的身高体重和唇髭，但对孩子的精神发育至为要紧。你在这个阶段扼杀了孩子接受经典的机会——除非这孩子另有神秘天赋和机缘——你也就在人文向度上永久扼杀了孩子的明天。一个以爱心名义向孩子心灵施加毒手的父母（这份加害基本上是不可逆的），他的门牙凭什么还配继续呆在牙床里，这让我百思不解。

2011 年 1 月 6 日

# 语文教材改革，不仅仅关乎鲁迅

快成为惯例了，每年秋季入学之际，围绕各种语文教材的改变，都会引起热议。

对此，我愿意先从积极一面去看。在积极一面，我们的语文教材不再一家独大，一些地方教材得与曾经一统天下的人教版同台竞争，总是一件好事。日后，如果私人编著的教材也能获准竞争，使学校和学生得到更多“择善而从”的机会，无疑更是美事。在人文著述中，集体的力量弱于个人，乃是无数经典业已证明了的事实。以为集中一群专家就能获得“三个臭皮匠，顶个诸葛亮”的效果，不过是一种认知盲点。很遗憾，在这个盲点里，我们沉陷过深。

在对语文教材的认知上，过往做法确有值得商榷之处，尤其表现为迫使语文教材兼任过多的政治教化功能。无论主事者如何振振有词，此举总是包含着对语文本身的轻慢。近年来的语文教材改革，在这方面着力较多，也取得了一些效果，只是由于积弊深重，进一步的“脱政治化”仍有余地可挖。

即使撇开“脱政治化”，仅从语文自身发展的角度着眼，每隔数年对教材作一些改进，也很有必要。在一个良性教育秩序里，此类改变不应引起太大争议。因为，语文自身的特点，决定了它不会一味怂恿创新，语文教学必然附带的文化传承功能，使它具有某种保守天性，捍卫传统远比所谓“锐意进取、突破创新”来得可贵。但奇怪的是，坊间围绕语文教材的争议，每每流露一种舍大抓小的倾向，论者不是从教材编纂的方针、原则和方法上入手，而是性喜就哪位作者入选、哪篇文章落选争执不休，致使关于语文教材的探讨，滞留于人事之域，缺乏向前推进的势能。一个突出表现是，只要事关鲁迅文章的存废，总能令一些家伙群情激昂，似乎鲁迅作品在教材里的一举一动——有时不过是总量略有削减或用鲁迅文章 A 替换鲁迅文章 B——都关联着一国文脉的存续。这难免有点神经过敏。

前人创造的作品是如此群星闪耀，课文可以容纳的篇数又是如此有限，这使得任何一篇作品，都难以被赋予标志性意义；所谓的标志性意义，往往是人为放大的。一篇作品入选，更像是一种由几率左右的中奖，它不过是在数百篇条件相同的文章里侥幸胜出罢了。拿不同作家进行比较是这样，单独考察同一位作家也是如此。假使起鲁迅于地下，让他自己挑选适合入选中学教材的文章，几乎可以肯定，他的选择会让我们大吃一惊。有鉴于此，我们实不必对某篇课文的入选与否过于敏感，只要入选文章水准适宜，哪怕鲁迅文章一篇不选，也没啥大不了。

语文教材毕竟不同于文学史，在文学史里“光芒万丈长”的作品，也不见得适合进入中学教材。不仅中国如此，西方世界也一样。荷马、但丁的作品作为西方人心目中“世代相传的书和学校”，今日也已在教科书里风光不再。布鲁姆在《西方正典》“哀伤的结语”一章里感叹道：“当我还是孩子时，莎士比亚的《裘力斯·恺撒》几乎是学校课表上普遍都有的，它是莎氏悲剧最精彩与最感人的入门之作。现在的老师却告诉我，许多学校都无法让学生读完这部剧作，因为学生们发现它已经超出了自己的兴趣范围。”他还说，为了方便学生理解莎士比亚，有些学校的老师不得不“制作纸盾纸剑来代替对该剧的阅读和讨论”。即使如此，难道莎士比亚的文学成就因此就打了折扣？对鲁迅，亦可作如是观。

此外，虽然鲁迅有其伟大之处，但人们对鲁迅作品倾注过多情感，也有文学外因素。由于政治上的干预，鲁迅与其他作家并非始终处于平等竞争的态势中。如林语堂、梁实秋等人的文字，曾经被蛮横地排除在教材遴选范围之外，他们只能在鲁迅作品的注解里略略栖身，理由仅仅是：鲁迅批评了他们。就是说，人们对鲁迅先生独一无二性的体认，与他曾经被政治性地赋予独一无二的地位，密不可分。因此，在我们谈论教材里的鲁迅时，先对自身的这份情感进行约束和反省，去除其中可能残存的“情感滞留”因素，就颇为要紧了。在我们试图有效思考时，沃尔特·李普曼告诫道："一件非做不可的事情，就是清理各种判断，重获一种单纯的目光，摆脱各种情感，充满好奇并且心怀坦诚。"

依我小见，中国文化和文学里，历来有一种重审美轻说理的倾向，理性之道长期被贬为文学审美的旁门左道，致使国人的思维能力较难得到系统培养。这是令人痛惜的认知痼疾，也是我渴盼语文教学予以重视并改进的。在我看到的新编教材里，既欣喜地发现蔡元培《就任北京大学校长之演说》、帕斯卡尔《人是一根能思想的苇草》等文章入选，也哭笑不得地看到王羲之《兰亭集序》赫然在列。对《兰亭集序》文章义理上的种种错乱，钱锺书在《管锥编》里曾经批亢捣虚地予以分析，持论周正，足以服人。我们的某些教材编纂者不予吸取，故步自封，在一种惯性驱动下将其囫囵选入，未免过于粗疏。

2010 年 9 月 8 日

# 当诚实成为权谋

有网友在天涯社区发帖："咱们小学时期的作文必杀结尾句"，引来一众80后网友热议，跟帖不断。网友列举的"黄金必杀句"如："同学们看着清洁的教室，擦着额头上的汗水笑了……""问：'小朋友，谢谢你，你叫什么名字?'（用于扶老人过马路等好人好事之后）答：'我叫红领巾。'"等等。《南方周末》登出长文《会说谎的作文》，对此作了详尽报道，读来大感苦涩。

发帖者问："不知道现在的小孩子，还会不会用这些句子呢?"咳，岂止孩子，今天的大人都难以幸免，有识之士不还在持续地呼唤真话吗？不是有人把官场必知的四种语言概括为"大话、套话、假话、空话"吗？某体育总局领导要求获奖运动员"先感谢国家"的告诫，不还在余音绕梁吗？中国孩子写"说谎的作文"由来已久。犹记我1980年参加高考时，教语文的蔡老师对我发出严厉警告："记住，小子，作文时切忌发挥，按他们认为最正确的观点来写，别听从自己脑子里的奇谈怪论。"蔡老师纯属好意，在日常教学中，他嫉恶如仇、追求真理的品德，曾使我深受教益。我还记得，那一年他读到沙叶新先生讽刺骗子的剧本《假如我是真的》，激动之余，竟然忘记我这个学生正处于复习迎考的关键阶段，鼓励我如法炮制，写部独幕剧。

谎言现身于学生作文里，症结却在校园之外。在一片久旱龟裂的土地上，单独责怪某棵树没有成材是滑稽的。我们必须先行考察社会的评价体系，看其是否存在怂恿说谎的因子。

诚然，说中国人鼓励说谎，那是污蔑。生活中我们无数次看到，假如家长对孩子体罚，十之八九是因为孩子在说谎。人们对说谎者的反感，不亚于对蛇蝎的厌恶，我们社会的主流价值观，也在始终不渝地呼唤诚实——至少字面上是这样。既如此，官场上和生活中的谎言为何没有绝迹，反而日益加剧呢？也许，吾人对诚实和真话的倡导，一直是有条件的，作为一个缺乏求真品质的民族，在真话面前，我们缺少愚鲁的固守，忒多机警的权变。人们厌恶谎言，但又始终没有赋予“诚实”以至高无上的地位，只要自以为找到了一个堂皇的理由，诚实随时可以退居幕后，作出牺牲。简单地说，在真相和真话面前，我们有意无意地鼓励一种灵活机动的游击战态度，诚实只是我们的备用轮胎，我们缺乏站定诚实立场的意志和信念。学生作文也是如此。虽然语文老师大多深知真情实感的重要性，在日常教学中也会频频强调，但鉴于作文的评分系统里“思想向上”乃是居于上位的标准，那就等于对学生宣布：一旦你的真情实感不符合“思想向上”的要求，你必须坚定地把它抛弃。据说，“2010 年，中学语文教学大纲对一等作文的评分标准仍旧强调‘思想向上’”。只要这项标准依旧存在且高高在上，我看不到学生停止说谎的转机。

人们寻常挂在嘴边的“真善美”，其实是一个序列，“真”是基础也是基石，“善”和“美”都是“真”的尾随物，它们无法在与“真”的对抗中显现价值。可悲的是，总有人从谋略角度对待“真”。在他们眼里，是否说真话，不是取决于做人的原则，而是取决于做事的艺术。当这个招数得到认可并成为社会的潜规则，也就开启了潘多拉魔盒。最近几年，个别趋利的地方政府已经发展到从兵法中借鉴行政手段的程度，信义荡然无存，甚至出现瞒着百姓，将他们合法居住的小区第二次卖给开发商以获取暴利的丑事。实情是，只要我们拒绝赋予“诚实”绝对优先的价值地位，真话就难免沦为一名高级奴婢。诚实虽然高贵，但也非常脆弱，容不得轻慢，主事者若只在绝对需要它时才心血来潮地加以宠幸，在其余场合则嫌它碍事，也就把“诚实”糟蹋成了一只交际花般的“花瓶”。再则，谎言具有自身的运行和发散机制，它不会满足于一时一地的成功，只要“说谎会带来好处”在局部得到容忍，只要“掩盖真相会带来稳定”的思路在局部得到纵容和贯彻，谎言就一定会增生扩散，决不满足于逗留在那个局部。正如“秘密逮捕”会给警察办案带来巨大便利，只要现行刑法中给它开一个小口子，它就一定会变形为脱缰野马。“会说谎的作文”，也是此类扩散的一个逻辑结果。

在公共事务中，把真相分为必须披露和必须隐瞒的两种，只是一种驭民立场下的幻觉和盲点，其有效性从未得到证实。在更多情况下，该盲点以惯性方式存在着，执行者习焉不察，视“对真相宜见机行事”为行政密钥。我们都记得，我国最近一次因真相披露不及时而受到惩罚，缘于2003年的“非典”。由于SARS病毒自具一种魔性，它只会一往无前地贯彻病毒的意志，不屑于领会某些部门领导的意图，结果，当有人因循蒙昧的驭民立场实施信息封锁时，灾难发生了，大量无辜的生命成为这套“花瓶式真相观”的祭品。

我以为，只有个别特殊场合（如外交场所）或事涉重大国家机密，才是“花瓶式真相观”的用武之地，舍此之外，诚实就必须具有绝对的优先权，没有任何东西可以凌驾其上。或者说，其他价值，只有在诚实得到捍卫的前提下才有望附丽，包括国家的稳定与和谐。目前看来，这是一个艰难的共识，但只要我们对“说谎的作文”心存愧怍，只要我们决心重树民族精神的尊严，就必须将此视为共同的目标，无论它看上去是何等前途漫漫而举步维艰。

2010年4月10日

# 民国语文，我们的失乐园

一套1932年版《开明国语课本》（叶圣陶主文、丰子恺插画）的重印本，市面上已难觅影踪。在当当网的读者评价和留言里，可以看到清一色五星标记，并读到大量出自家长的赞叹。这份赞叹缘于家长对孩子的近身观察，因而尤显赤诚。“还没有出生的宝宝，我每天晚上睡觉前，给他读上几段，感觉叶圣陶老师和丰子恺先生为教育事业树立的典范，值得我们深深感谢。相信，我会用大师的作品陪伴我家宝宝的左右。”“很朴素的书，却芳香无比。”“很亲切的一本书，看到的是教育，不是知识的堆积。”等等。我相信，每一位邂逅上述留言的读者，都会有步入圣殿之感，耳畔响起声声梵呗，齿间顿觉阵阵馨香。

当然，书早就脱销了，据说连出版社都没货，我缘浅，没能见识到它。我只是在媒体的报道中，瞥见该书的吉光片羽。以之评论这套教材是远远不够的，但不妨说点别的。

比如，教材里有篇《致某校足球会书》，读来颇有醒脑发汗之效。全文如下：

某校足球会诸君公鉴：

经启者，会自组织以来，只有两月，素乏练习，无从观感。久仰贵会热心体育，成绩卓著，原定于本星期六午后三时，拟约贵会诸君，在公共体育场比赛足球，俾得取法大雅，并以联络感情；想诸君亦必乐于赞同也。如荷俯允，请先示复为盼。

此上，即颂健安。

县立第一高等小学足球会谨启

必须承认，当今中国作家，能够写出如此贴切雅训之应用文者，也不多见。而课文拟设的作者，乃是民国年间的小学生，所涉内容不过是校际足球交流，而竟风雅若斯。以今之眼光来看，任谁也会有恍若隔世之感。我都拿捏不准，到底该赞叹其文辞之典雅，还是讥笑其风格之不伦不类。一位编辑朋友对我说："我自己经常要给人写约稿信，'即颂健安'这么好的问候语却从未用过，原因是根本不懂还有这种美妙的表达。实在惭愧。"

可见，"恍若隔世"不是一个准确表述，去掉"恍若"，才更符合实情。与民国年间的语文相比，当代语文太过粗鄙糙陋了。这不是属于个体的"惭愧"，这声"惭愧"应该由时代本身来道出，每一个身处其中并受到时代播弄涡卷的普通人，虽然承受了这份鄙陋，本身却是可以免责的。但是，"时代"这个虚虚实实的玩意儿，又如何说得出"惭愧"呢？我还不如想象月亮每天晚上向地球人哼摇篮曲呢。

“语言是文明的臭氧层。”这是一个美国佬说的，我叹服其深刻警醒。实情就是如此，人生活在语言中，一切可以用来衡量人类价值的标准或概念，都不能脱离语言而自立。你使用何种语言，你置身何种语言环境，一般也就预示并最终决定了你会成为什么样的人。讽刺的是，对胡适深揭狠批了数十年的中国内地，在贯彻胡适的白话文运动方面，却最为彻底。不仅如此，连胡适当初未曾设计过的简化字，也在内地得到了颠覆性的改造。附带一说，当年的孙中山先生，对胡适的白话文主张并不认同。

我们曾以为，把典雅文言改造成通俗白话，把笔画繁复的汉字大幅精简，会造成一件无上功德。关于前者，由于我们永久失去了重归文言文的机会，因而无从比较，说好说孬都无凭无据；关于后者，鉴于港台等地并未接纳简化字方案，这使我们有条件考察海峡两岸和香港的语言现状。谁都不难发现，哪怕单单考察文盲率，我们都丝毫找不到简化字有助于降低文盲率的证据，可见，简化字的所谓功德，多半是一种臆想。以小窥大，简化字尚且如此，其余种种变革，功效想必也较可疑。语言虽有难易之别，如汉语、俄语等语种，公认难学，但这主要适用于当其是一种外来语的场合，对于自幼生活其中并耳濡目染的原住民来说，世上并不存在特别难懂的文字。何况，相对复杂的语言，一旦熟练掌握，也会增加表现力，就像一套相对复杂的科学仪器，能熟练驭使者，一般也就更能胜任相对复杂的工作。你把理发师工具箱里的家什从七件改成两件，剪个小平头也许没啥区别，想要弄出个潮人发型，就不堪指望了。

就汉语来说，文言乃是现代汉语的上游，若听任上游枯竭，下游也就难呈壮观之势。正如教养必须自幼培养，语言能力（除了表达能力，还尤其包括思维能力）也必须打小培养。

现在的国语教学，较之三四十年前固已有不少进步，但之前我们为自己埋的坑太大太深，导致后续努力，与我们对于民族后代所理应承担的义务和责任相比，总是难脱一份滑稽和作孽。斯时回望民国语文，我会陡生失乐园之叹。

2010 年 11 月 26 日

# 国学，怎么会热呢

我并不反感“国学”这个词，我只反感“国学热”这个现象。是否任何一种“学”都不会“热”，我不敢断言，但“国学”不会热也不该热，我任何时候都不会改口。

一幢百年老宅倘若热起来，意味着什么呢？最可能的答案是：老房子着火了。“国学热”亦可作如是观，只要我们承认那个“学”字等于“学术”或“学问”，再结合识得繁体字的国民正与日俱减的事实，我们就得同时承认，国学门槛正在日益增高，它越来越成为一种静穆且专业的学问。

“国学热”是一个背逆人文自然的现象。依我看，只有借助某种偷天换日的方式，将其中“学”的成分稀释掉，人们才可能见识到某种国学热的“伪形”。常见方式有三：一、把学术问题运动化；二、把学术问题时尚化；三、把学术问题偶像化。

早在20世纪70年代，还在读小学三年级的笔者，就见识过学术问题运动化了。在名为“批林批孔”的运动中，我们这些连孔丘与仲尼都无力辨别的小孩子，竟然被唆使充当了“砸烂孔家店”的急先锋。我记得当时唱过的一首歌，歌词是：“叛徒林彪、孔老二，都是坏东西，嘴上讲仁义，肚里要诡计，鼓吹克己复礼，一心要复辟。红小兵，齐上阵，大家都要狠狠批。”老实说，其中“克己复礼”的涵义，我过了好几年才明白过来。今之国学热，虽然方向不同，由批孔改为尊孔读经，但操作原理并无二致：借助广泛的舆论咋呼和社会动员，不求实质裨益，但求以势夺人。今日咿呀读经的小学生，与昨日咻咻批孔的红小兵，唯一共性是：他们都不明白自己在干什么。他们都是一种道具，以满足那些社会运动家的奇特癖好。

学术问题时尚化与学术问题偶像化，乃是同一战略的不同战术应用。在“国学热”的鼓噪下，说来可悲，我们连些微学术成果都不曾听说，所见无非是这里矗起了一座孔子像，那里立起了一座老子像，某个大学开设了国学班，某个组织以“剪刀加糨糊”的方式编辑了一套超级国学丛书，某个开幕式上出现些可疑的古典元素，同时，在世界各地出现了大量孔子学院。在考察国学热的过程中，我们看到的经济喧阗甚至还多于文化折腾。作为学术的国学尚在原地踏步，以国学名义拉动的地方 GDP，或许已初战告捷。

近代意义上的国学大师，公推“五四”及民国诸贤。拿前贤在国学问题上的胸襟见识，烛照今日浪言国学之衮衮诸公，我们还可能被两者间的强烈反差气歪了嘴。人们经常提及钱锺书《谈艺录·序》里的一句话："东海西海，心理攸同；南学北学，道术未裂。"同样意思，王国维先生早著先鞭，在他 26 岁撰写的文章《叔本华像赞》里，已有"人生如轮，大道如轨。东海西海，此心此理"的卓见。若非《叔本华像赞》晚近才发现，人们或许还会疑心钱锺书涉嫌抄袭呢。事实是，前贤由于站立的高度相近，他们面对国学的态度也容易趋同，他们一致认为：今之国学非昔之国学，国学虽是一国之学术，国学研究却唯有以一种统摄中西的超然眼光，方有望别开生面。把目光专注于国学本身，以为但凭读经诵典即能重振中华文化，若非急功近利，则属腐儒陋见。

王国维当年为《国学丛刊》撰写的发刊词，几可视为对今日国学倡导者的正面棒喝："学之义，不明于天下久矣！今之言学者，有新旧之争，有中西之争，有有用之学与无用之学之争。余正告天下曰：学无新旧也，无中西也，无有用无用也。凡立此名者，均不学之徒，即学焉而未尝知学者也。"

作为学术的国学，注定是静穆的，其价值也只有在静穆的书斋研习及"二三素心人商量培养"中，才有望显现一二。至于弘扬民族文化，固属吾族吾民的煌煌大义，但那显然不可能经由社会动员的方式得到改善。尝见一国学热的倡导者，在谈到"传统国学的当代价值"时，以一种超学术的态度声称：提倡国学"对促进马克思主义中国化，形成有中国特色的马克思主义，完善中国特色的社会主义理论体系具有重要意义”。我们知道，以夸诞不实的宏大意义代替求真务实的学术论证，乃是江湖术士的老套惯技，当年王小波还曾撞上把耍猴视为“繁荣社会主义文化，满足大家的精神需求”的卖艺者呢。倘若国学热的发动者尽是些说话托不住下巴且时刻准备把学术与政治强行嫁接的家伙，我辈对他的态度，就不仅仅是鄙夷了。

2011 年 5 月 4 日

# 孔子塑像的可疑意义

一座总高为9.5米的孔子青铜雕像，近日在北京国家博物馆北广场落成，背对着博物馆主体建筑，正对着西长安街。对数字敏感的人，大概立刻会从这个高度里体会到“九五之尊”的意味来。

或许，这是一个不必引起非议的文化行为。即使中华历史人物中只有一位配得上青铜雕像，文化影响力堪与佛陀、苏格拉底、耶稣并列的孔子，亦属不二之选。别说正对长安街，改天我们把孔子像弄到月球上去，国人大概也会訇然叫好。

话说回来，即使在文化先贤中挑一位最不必急于立碑塑像的人物，同样非孔子莫属。理由很简单：孔子塑像还少吗？中国各地有着不胜其数的孔庙文庙（两者大体是一回事），其中任一座都峨然矗立着“大圣先师”双手交叠的蔼然形象。更别提初建于公元前478年、占地面积近十万平方米的曲阜孔庙了，其无可替代的历史、文化地位，足以使建在任一地方的孔子塑像，显得意思不大。

然而，由于孔子的独一无二性，一尊乍看之下最乏意趣的塑像，仍可能被人强行赋予意义。我上网找到了这尊孔子雕像的照片，也许与拍摄角度和我的审美观感有关，孔子的面貌虽然和蔼，但也意外地呈现某种与生活中的孔子大异其趣的呆滞之相。这并不重要，重要的是，孔子的体量有一种极尽夸饰之能事的魁伟，雕塑家似乎意在纠正“泰山其颓，哲人其萎”的印象，他选择的人物原型（如果他还有个原型的话），似乎是一名身高1米75、体重两百公斤的超级壮汉，与传闻中孔子身高接近2米的“长人”形象格格不入。可见，还原真实的孔子并非创作者的初衷，他只是可着劲地寄托理想、抟塑精神，竭力使那数吨青铜挥发出原子裂变般的文化大义。简而言之，我看到的乃是一个高度概念化的孔子，我从中无法感受孔子博雅风趣、通脱可爱的性格特征。相反，作者试图把一股游离于真实孔子之外的儒教影响力，强行灌注在青铜中，以期达到某种令人憬然生敬、瞿然生畏的风教效果。所谓风教效果，也就是距艺术最远的那种效果。

谈论孔子，与谈论其他文化贤哲有一个本质不同。历来存在着两个孔子，一个是真实的孔子，我们通过其弟子辑录的《论语》，可以想见他的非凡思想和有趣言行；另一个则是被奉为“万世师表”的“大圣先师”，古人甚至将其功用夸张到“天不生仲尼，万古如长夜”的变态地步。这后一个孔子，不仅牵连着作为诸子学派之一的儒家，更象征着古中华最高意识形态的儒教。就前一个孔子而言，不过是约与老庄并列的先秦巨子，其伟大固然不遑多让，却毕竟不具备思想上的垄断性和排他性。而后一个孔子，简直具有某种宗教始祖鸟的超凡能力，其派生的思想观念，以近乎无所不在的方式统摄了古人，也在相当程度上凝聚并代表了中华古文明本身。

儒学的发扬光大对于兴盛古中华文明所起的突出贡献不应抹煞也无从抹煞，但这不等于儒学将以同样的能量推进当代中华文明。好比说，我们应该对“君为臣纲、父为子纲、夫为妻纲”的古代理念怀有理解和尊重，但这绝不意味着我们还得对它加以借鉴和继承。儒家思想依托于古代国家制度，如陈寅恪先生所言，随着“社会经济制度剧疾之变迁，纲纪之说，（已）无所凭依”。

古之君子日常言语行动中的儒学，与今之君子载诸笔墨的儒学，不宜等量齐观。我们的古人无从获得对现代人显得尤为要紧的民主、科学、宪政等观念，他们视儒学为“放之四海而皆准”的先进思想，不仅情有可原，还是顺理成章的。由于形格势禁，今人对儒学的认识早已无法进入古人情境，有人倘若视时代、制度和观念上的种种巨变于不顾，以一副假天真的模样，继续假定儒学复兴仍会有助于我们的民族振兴——理由仅仅是：儒学曾经灿烂过我们——不过是销售一种文化“打鸡血”的偏方而已。

儒家学说包含大量优秀思想，其中的“仁、义、礼、智、信”，只要稍加挪移，也可完美地用于今天，身为中国人，没有理由不对此加以固守和传承。但是，继承儒家思想的先进性是一回事，继续赋予儒学以某种准国教的地位、放任其意识形态化，则是另一回事。衡诸今日人类获得的文明思想，强行抬升某种往昔学说的官方地位，不啻为观念上的蒙昧和倒退。

中国多一尊孔子像，原不值得大惊小怪，前提是，设置者最好别太过张皇其义。孔子是伟大的，也是可爱的，我愿意相信，孔子会以其特具的文化魔力，遥遥地滋养着吾族吾民，但我非常不愿看到，孔子功用重新得到神化。这不会是孔子的福音，也不可能是吾人的福音。这会是谁的福音呢？我不知道，也不打听。

最近听说，孔子塑像已经搬出了原来的位置。这个，姑且算做有关方面的从善如流吧。

2011 年 1 月 12 日

# 鲁迅崇拜者的两句蠢话

有个现象困惑了我很久，趁着今天有几分酒气，索性一吐为快。

该现象与鲁迅无关，但与鲁迅崇拜者密切相关。我的发现是，在国内，一个人只要赞美鲁迅（区别于研究鲁迅），就非常可能露出思维上的蠢相，其表现方式之雷同，几让人疑心其中藏有规律。有些学者作家不谈鲁迅时表现尚可，个别的还很优秀，一俟语涉鲁迅，水准顿时下滑，蠢话随即滔滔而出。兹拣其最为常见的两句，一一析来。

蠢话一：感叹中国再也不会出现鲁迅了。

我无意夸大，在逻辑和常识层面，这句话里包含的荒谬性，比一艘触礁油轮泄漏出的原油还要多。

读者想必同意，只有如下条件获得满足，上述感叹才会马虎成立，即：除鲁迅外，当今文坛充斥着胡适、林语堂、梁实秋、周作人、张爱玲等人的继承者。倘非如此，单单痛惜鲁迅缺乏继承者，就是不可理喻的。可实情是，无论脑海里浮现哪位鲁迅的同代人，我们都找不到那个可以称为“二世”的继承者。谁是王国维精神和风格的继承者呢？谁又是公认的梁启超传人呢？没有。即使把标准下调到张恨水、胡兰成辈，人们仍然找不到可以确认为“继承者”的那个家伙。可见，说这句话的人尽管把表情调节得极度沉郁痛切，根本上却是在感叹一件不可能发生的事。若试加归谬，质疑天上为何没有第二个月亮，也不见得更加荒唐。

再往下探究，我们还会遇到更大的荒谬。说到人间伟人，人们惯用“不世出”来形容，以强调天才的奇特性和非再生性。在人间先贤祠里，我从未听说有哪位是可以源源不断地派生继任者的。难道莎士比亚不够伟大？对不起，除了蜡像，谁也没见过莎翁的“转世灵童”。难道司马迁不够天才？请问，谁得到了太史公的灵魂附体？也许，在戏曲界我们有望撞上对前辈从精神到风格的继承者，可惜，真正意义上的衣钵传人仍只是个传说，梅兰芳、马连良依旧独一无二。但玩味那句话的意思，感叹者似乎认为，把鲁迅弄成克隆母体或孙悟空的毫毛，是可能的，“一个鲁迅倒下去，千百个鲁迅站起来”是可能的。我不得不说，这对鲁迅是一种最大的污蔑。就算“精神继承”还有腾挪逞辩的余地，“风格继承”则把鲁迅彻底物化成了商品。难道鲁迅是一道失传的菜，一旦有人发现菜谱，鲁式菜系就会源源不断地出现在各家餐桌上？还是说，鲁迅就像日食或月食，每隔数年就会出现一回？——别说鲁迅，大坏蛋也不会隔几年就出现一回。

蠢话二：声称鲁迅是自己批判精神的源泉。

发表类似声称时，论者同样会露出一副高度格式化的诚挚表情，并且同样会无视其中的荒谬性和讽刺性。他们的潜台词是：如果中国没有鲁迅，或者，如果大家都不再读鲁迅了，包括自己在内，全体中国人的批评精神将会丧失。这番论证里含有微量叫人动容之处，因为，它所表达的祈愿是我无比认同的，即，我希望中国有更多的批评者，有更多具有理性精神和正义感的知识分子，但其中的逻辑分明又极度错乱。不说别的，鲁迅本人决非向另一位前贤学习的产物。我们知道，在正式写作之前，鲁迅倒是一直在摩挲那些他后来号召青年人不要去读的古籍，包括海量的古典小说，他还喜欢抄写古碑。就是说，鲁迅已经向我们表明，诞生鲁迅的条件，决非依赖一个现成的榜样。事实上，任何稍有成就的作家都不是向另一位前贤依样画葫芦的结果。如果认为世无鲁迅自己就会活成一个孱头，那么，他已经是一个孱头了。把自身战斗精神和批判意识之有无悉数寄托在对鲁迅精神的继承上，那反而说明，他比任何人都更不配谈论鲁迅，何况，鲁迅本人是“荷戟独彷徨”的。用此种方式推崇鲁迅，不过是古人“天不生仲尼，万古如长夜”的翻版而已，在这份东方式肉麻的背后，绝对站不出真正的批评者。在此意义上，那些言及鲁迅即惯作涕泗交迸状的家伙，极可能距鲁迅最远。说到批评精神，那是人类文明共同的精神资源，既不待鲁迅而立，亦不会随鲁迅而去，鲁迅只是其中相对突出的一环。将原属芸芸群贤的集体荣耀单独加诸鲁迅一人之身，对鲁迅固然是一种上帝级的恭维，对鲁迅之外的其他前贤，则不失为一种凶狠的贬低。

为什么赞美鲁迅即会出现思维能力下滑的现象？小见以为，这和鲁迅形象的概念化有关。概念化与简单化往往是一枚硬币的两面，在中国，鲁迅成了无需证明其伟大性的存在，当一个人强调鲁迅如何深刻时，他从来不必承担举证之劳。我曾感叹道，在世界范围内，从来没有第二位文学家，像鲁迅那样猬集了那么多的业余爱好者。鲁迅公认的伟大性对他们构成了一种可悲的放纵，怂恿他们弃绝思考，只是一味地升华道德、张扬勇气，把鲁迅表成决心、跳成“忠字舞”，成了他们的下意识行为，鲁迅因此成了一座关于胆量和勇气的图腾柱。面对图腾柱，人们确实无需思考太多，无论表达什么，看上去都更像是一种供品或祭物，而非思想的结晶。等而下之者，更是只需在鲁迅图腾柱前摆出一副莫希干人的伟岸造型，就自以为心雄万丈了。其实，那是怯懦。

我以为，考察世人推崇某人的方式，也能看出其局限性。一位理性温和的学者，注定不会产生迷狂的粉丝。假如人们对康德的推崇竟然与他们崇拜乔丹、梅西的方式相同，这决非康德的荣耀。从鲁迅的推崇者常会同时表现出情绪亢奋及思维能力弱化的特征来看，我们或许会想，鲁迅作用于读者肾上腺素的能力，是否更甚于影响他们的大脑?

我不敢断言，原因是，鲁迅的影响力中含有若干非自然的成分，在现代中国，鲁迅获得如此广大的影响力和地位，并非与其他作家平等竞争的自然结果（虽然，在平等竞争的条件下，鲁迅依然有其傲立之处），来自意识形态的强力荐举，不容忽视。这使得鲁迅无法为读者的蠢话负责，他们得学会自己负责。

2011 年 5 月 31 日

# 思维的首恶是愚蠢

汉娜·阿伦特在《精神生活·思维》一书中，区分了两种思维法，一种是西方人的“语词思维”，另一种是中国人的“形象思维”。她说：“形象思维始终是‘具体的’，不可能是推理的。”阿伦特口头上承认“中国哲学能与西方哲学相提并论”，但在具体分析中，则把中国式思维排除在她认可的“语词思维”之外。“使我们区别于中国人的东西不是理性，而是语言。”她说理由是：“所有纯粹的逻辑思维过程……只能借助词语才能完成。”而且，该词语只能是拼音文字，不能是象形文字。当她写出“不容置疑的是，如果希腊人最初不借用和改造腓尼基字母，那么就不可能有哲学”时，她至少在哲学层面，否定了中国式思维的价值。

不管认同还是反对，我都没有能力接续阿伦特的话头。但反思我们的思维传统，先哲中以条理清晰、逻辑强悍见长者，确乎寥寥。钱锺书在提及“贾谊文章大抵恁地无头脑”时，曾引用《儒林外史》里的一句话“才气是有，只是理法欠些”，并感叹道：“先秦两汉之文每笋卯懈而脉络乱，不能紧接逼进；以之说理论事，便欠严密明快。”我们知道，“先秦两汉之文”代表着中国思想史的高峰，峰顶尚且如此，山腰山谷，只怕更不足道。即以钱锺书勉强认可的韩非为例，在他认知的最高点上，韩非堪称亚理士多德的异地知己，那句“无参验而必之者，愚也；弗能必而据之者，诬也”的论断，洋溢着科学求真精神，然细一打量，发现他只是嘴上说说而已，并没有将其视为固定不移的原则。比如，依据“冰炭不同器而久，寒暑不兼时而至”的自然现象，他竟然推导出了严禁百家争鸣的结论（即“杂反之学不两立而治”），让人大惊失色。韩非虽然说得字正腔圆，考察其内在理路，不过是些巫术套路。巫术思维的特征是迷恋交感原理，总是通过“相似联想”和“接触联想”等低级别智力活动，将表象上的相似，视如本质上的相同。

站在思维角度，我们不得不感叹自身的贫瘠。我们每天在报刊和网络上接触到的各种观点，不乏以其思维上的愚蠢让人摸不着头脑的。鉴于此类愚蠢很少在西方学者身上出现，我不得不认为它具有中国式思维的特征。当然，有关部门不时发布的一些怪诞论据，如“躲猫猫”“俯卧撑”“七十码”之类，已经无法从思维层面加以评判了，那里没有起码的常识和理性，只有一种指鹿为马的权力张狂，言外之意是：老子就这么说了，你奈我何！——话说回来，假如这些官员的思维能力尚有可取之处，即使找借口，也不至于找得那么傻，除非决意师法大宦官赵高。

一种思维上站不住脚的说法，为了获得认可，通常总要倚靠一些题外之物。倚靠权力是最常见的，也是最色厉内荏的，比如一边声称自己的观点与主流意识形态高度一致，一边把敌对观点判为异端，以方便自己“旗帜鲜明”地加以反对。同样常见的则是标举某种意义、境界或价值，诱使读者在认可该种意义、境界和价值之余，把他的毛糙观点囫囵吃进。近日有教授建议从中学教材里拿走《鲁提辖拳打镇关西》一文，出发点之良善简直让人感动，不仅为了关怀祖国下一代的身心健康，据说还为了体现“现代的法制观念、公民意识和民主精神”。可惜，动机与手段之间缺乏逻辑粘连，我们无论如何看不出，为什么中学生学了这篇课文，就会“揎拳捋袖、跃跃欲试”？作者既不曾从道理上进行说服，也没有提供必要的社会调查依据，他好像以为，只要自己的愿望足够美好，再可笑的建议也会增光添彩。参照他的建议，在民主国家的诞生地，比如英国，是否早就禁止他们的中学生阅读荷马了呢？我从未听说，我只知道，荷马笔下阿喀琉斯拖着赫克托尔的尸体绕城而走的场面，暴力程度不在“鲁提辖拳打镇关西”之下。

年前围绕汪晖抄袭案产生的大量辩护，也让我们见识了某一类学者近乎崩塌的思维素养。面对一桩只能用一种方式——事实认定——加以捍卫的事，他们仿佛集体喝高了，竟不厌其烦地顾左右而言他。他们频频声称，在上世纪80年代，如此行文乃是常态，故汪晖只能视为学术失范，不应认作剽窃，与此同时，他们一次也没有拿出证据，证明在80年代有人这么干过。他们大概认为，只要将“这是常态”重复一百遍，艰难的举证工作就算自动完成了。远古巫师在公共场所祈雨时，也是这么做的，他们总是相信一场倾盆大雨，会随着自己的大声嚷嚷如期而至。

“思维的首恶是愚蠢”，作为一个命题，有其欠缺之处，盖因愚蠢与思维不在同一论域中，两者缺乏逻辑上的关联。但是，我们看到的大量思维之弊，本身就有脱离逻辑之弊，若试图从逻辑上追究，常会穷于应付，那触目纷呈的东西，只有在一声“愚蠢”的“集结号”下才可能猬集得如此紧密。通常，每一种观点都会为自己寻找堂皇的依据，他的出发点也许是好的，正义感也许是无懈可击的，道德力量也许是无可怀疑的，但只要在思维的内核露出了蠢相，对不起，一切无从谈起。反过来，我们不妨树立一种信念，坚信一切与正义、自由、善良兼容的观点，在常识上也一定是站得住脚的，也一定不会违背人类的基本理性和崇高情感。

阿伦特谈及中国思维时，曾表示“由于这方面的知识有限，我不能充分地讨论它们”。我认可她的谦虚，以便反对她视汉语为思维元凶的判断。我们虽然不时撞上思维错乱的文字，但侥天之幸，我们也有常识可靠、理性坚定的优秀作者，远的如胡适、陈寅恪，近的如余英时、王小波等，他们都用汉语写作。这足以给我们带来信心。

2010 年 6 月 10 日

# 读史当有江山之助

——读《文化的江山——重读中国史》

阅读刘刚、李冬君合撰的《文化的江山》，是一次开启思维、增进智慧的过程，不唯如此，我一颗读者之心，还为一股壮美情怀所充盈。细思原因，约有三端：

## 一、“文化中国”颠覆“王朝中国”

以往读到的中国史，无论作者秉持何种学术立场和文化情感，无论作者在方法或手法上有何创新，大体总不出王朝历史的框架。手眼宏大者撰述通史，无非上溯虞夏，下及春秋，秦汉历历，唐宋井井，叙述之有条不紊，匹似“一江春水向东流”；学有专攻者往往借断代史以明己志，述隋唐不及明清，讲先秦无关两汉。那既定的王朝架构，既是治学的皇家河道，又构成叙述的天然雷池，不敢稍越。

在《文化的江山》里，这一点被蓄意颠覆了。作者开宗明义地写道：“中国历史上，其实有两个中国。一个是二十五史里的中国，叫做王朝中国。一个是贯穿了所有王朝的中国，叫做文化中国。”作者决然抛弃了王朝中国的架构，只把满腔的学术情怀，在文化中国里徘徊厮守。其所持依据是："王朝赫赫，为历史表象；江山默默，乃历史本体。……表象易逝，王朝只是命运的一出戏，帝王将相跑龙套，跑完了就要下台去，天命如此，他们不过刍狗而已。改朝换代，但江山不改。"作者坚信："文化的江山，承载着历史，承担了未来，向命运敞开了它的怀，命运投入江山的怀抱，在它的怀里起舞，引导着一代又一代王朝演出。"在作者看来，王朝中国只是文化中国的躯壳或皮囊，脱离了文化江山，王朝中国无所附丽，顿成无源之水，无本之木；而一旦把焦点锁定在文化中国上，那些世人唱腻唱烂的改朝换代戏文，很可能已不值得再唱。在文化的江山里，寄存着更加丰富本真的历史。

"两千多年来，历史已习惯于用王朝来命名，久而久之，忘了中国本身，以为王朝就是中国。"显然，作者视此为一种错觉，他的撰述抱负之一，就是纠正这一错觉。于是，我们看到了一种全新的书写，作者打散了王朝的次第，作者的史笔毫不在意地跃过了王朝的沟沟坎坎，历史的展开不仅凭恃一种前所未有的广度，还获得了一种罕见的纵深感。随着历史的筋骨变得舒展，我们读到了大量在王朝历史的僵硬架构里无望撞见的人文风景。

## 二、方国文化里的中国

"方国文化"是作者着力阐述的概念，该概念无法在王朝中国的架构里栖身，一旦换用文化江山的角度，我们蓦然发现，方国文化是如此重要，足以掀翻王朝中国的统治力。顺着方国文化这一宏大得多的视角，大量在王朝中国里看不清、觑不真的人文景观，第一次走到读者面前。

在作者眼里，赣鄱流域的文化形态，其生成原因和风格特征，就需要一种广袤的地理和久远的时间跨度，才能得到梳理，一千公里不足为其半径，一千来年不足括其终始。作者的眼光极具气魄，通过审视江西吴城文化里的那只殷周时期的“虎”，令人信服地解释了千年后映射在三国孙郎身上的勃勃虎气；通过对“虎方”为代表的方国文化的分析研探，作者得出如下结论：“方国之根柢，对于王朝统一，有着天然的阻力，故其与王朝，岂止难以相宜，实乃势不两立。”“以此来看长江流域，从古代到中世纪，未有统一王朝兴起。”良有以也。这个见解，新鲜得如春笋破土，坚实得又如铜鼎扎地。

作者对由吴太伯创立的吴国运河文化的出色勾勒，是该书最动人的篇章。作者拿运河与长城进行比较：“修长城要花多少钱？它会抽干一个朝代的血，使之早夭。而运河流到哪里，哪里就会繁荣起来，哪里就会有财富增长。”“从军事上来看，长城是防御性的，运河是进攻性的。”“吴以运河攻天下，以其能以战养战，节节进取也。……就历史的价值而言，开辟这样一个运河王国，远胜于建立一代王朝。”这个运河王国，历史上并没有随着吴国的灭亡而消失，它的功能超越于王朝中国之上，甚至还左右着嗣后的王朝改换。在魏蜀吴的三国格局里，吴太伯奠定的运河水系，依旧发挥着至关重要的作用。

如此叙述，也是一种大历史。举其小者言之，比如顾炎武，在王朝中国的叙述架构里，必然被界定为“清人”或“清代学者”，舍此则无从命名。这对立意反清且以弘扬汉文化为己任的顾炎武，不啻为一大侮辱。我们非得站在文化中国的角度，让顾炎武背依天山般巍峨的文化江山，才有望确认他的成就。

## 三、老辣的见识

我们知道，历史的基石是真实，无法逼近真相的分析叙述，不足以让读者油然而生历史感。

但是，趋近并斩获真相，又谈何容易。眼光不济之辈，哪怕面对第一手出土文物，照样会得出离题万里的解释。另外，我们面对的各种史籍，作者立场不一，方法各异，严谨度也有高下，即使超群绝伦如司马迁，也会怀揣着一份与历史著述无关的“孤愤”，时不时地发泄牢骚若干，凡此种种，都会令其著述的客观性打若干折扣。已故唐德刚先生曾指出，出于对暴秦的义愤，司马迁对秦始皇的叙述，详略轻重均有失当，对秦始皇那些功在千秋的举动，比如统一文字，略过不提，倒是对那些重要性不大的丑行秽事，喋喋再三，痛加鞭挞。可见，后世学者即使追求“字字皆有来历”，也只能获得一种自欺的“客观”而已，凭这种学究式客观，固然可以连篇累牍地撰述论文，却奈何不了真正的历史，历史依然沉睡如故。

就我来说，我不会信赖一枝徒具史料客观的史笔。史料的客观性必须得到遵循和捍卫，但历史撰述者的沧桑之眼，沉郁之情，老吏之识，哲人兼诗人之怀，尤为珍贵。《文化的江山》取法甚高，作者自陈：“书的内在精神，是从陈寅恪那里来的；书的美学形式，是从王国维那里来的。把它们结合在一起，形成本书，也形成了我们的文化个体性。”相较之下，我更加看重作者另一句不经意间说出的肺腑语：“读史当有江山之助，而知史者，亦自有其一段山河情怀。”据我所知，两位作者曾在南开名师刘泽华先生帐下受过系统而严格的专业训练，后来也曾闯荡商海，其间坎坷困顿，自非一言可尽，故其字里行间，不仅横溢出一股书斋型学者极难拥有的豪气，眼光识见，亦允称高迈。

“以其自我视之，他不愧为千古一帝，然其超我甚小，竟然迷失于方士。其自我也，视博士如敝屣，然其超我，却被方士牵了鼻子。”——这说的是秦王嬴政。

“人言‘关云长大意失荆州’，其实小心又如何呢？一样失荆州。‘大意’二字，总还有一番心情在，让后人凭吊出豪迈，沉痛之余，留一点痛快。”——嗯，说的是关帝爷。

“赵武灵王是个能冲锋陷阵的王者，这方面，他好像古希腊的亚历山大，同时，他又是个儿女情长的英雄，有点像古罗马的安东尼。”——赵武灵王，我们低估了的亚历山大大帝。

作者慨乎言之：“人类栖居的大地，是个历史化的空间，但那只是表面，还有更深层的地质运动尚未进入历史的渊源。因此，在史学的地盘里，要保留想象的领域，有时要让实证稍息，或暂时退出，以诗意来栖居，想象一下历史和大地。”在迂夫子眼里，借助想象来传述历史，近乎叛逆，而依我之见，考虑到历史本身的千疮百孔性，此法不失为还原历史的一个有益途径。当然，这对作者的综合素质提出了很高要求，资质凡俗的学者，不宜贸然学步，否则，各类贻笑大方的所谓“戏说”，势将漫漶而至于溃坝矣。

以我匮乏的学力，全面评价《文化的江山》，自是力不能举。以上三端，只是浅尝辄止，聊述一二心得。但我仍然要说，这是一部在写作雄心、笔墨视野及内容张力上均无愧于历史本身的著作，作者虽然只是在从事一场充满“文化个体性”的笔墨探险，却让我强烈地意识到：历史原该如此书写。

2009 年 11 月 14 日

# 文坛与商战的广告策略

朋友来访，拿起我家餐柜上一瓶石库门牌黑标黄酒在手，细细端详。朋友是位能文能商的豪客，但和我一样，平素滴酒不沾，他一定从中看出些别的名堂。我尽己所能，向他介绍了这种黄酒在上海地区打开市场的过程，也尽我所知地谈了些粗浅体会，以期抛砖引玉。经朋友指点，我明白其中玄妙在于：策划者在包装上成功地引进了一种暧昧元素——怀旧，并将这种原本与黄酒酿制“八竿子打不到边”的情感，强行附着其上，以期在地域认同方面找到销售突破口。设计非常精彩，果然，人们在看到“石库门”三字及那个扁形酒瓶之后，心里都鬼使神差地涌起一股甜糯情感，耳边仿佛飘来了张爱玲时代的爵士乐，一颗怀旧心登时启程，向着上世纪 30 年代的上海滩优美地滑翔。——从销售者一方来说，那意味着，鱼儿咬钩了。

不同的产品有不同的工艺要求和技术标准，有些属硬性的，有些属软性的。硬性标准不容有假，如不能使用工业酒精；软性属性却不妨各显神通，在黄酒中注入“怀旧”，就是“神通”之一。相似例子还有，有一句啤酒广告词叫“只提取第一道麦汁精酿”，精彩！因为它兼顾了硬性和软性，在啤酒的品质标准中成功打进一根楔子。对绝大多数喝酒者来说，他们并不知道“第一道麦汁”和“第三道麦汁”有啥区别，换句话说，广告词若改为“只提取第三道麦汁精酿”，效果几乎一样，但策划者把它作为一种标准率先说出来，便有了抢占工艺制高点的意义。也许，某些没有如此强调的啤酒商，也是“只提取第一道麦汁精酿”的，只是没有说出来而已。谁让你不说？同样，当一种裤子声称有“166 道工序”时，哪怕另一种品牌的裤子有 167 道工序，厂家也只能吃哑巴亏。

回到文坛，你说，作家将自己某部集子宣布为封笔之作，策划思路与石库门黄酒是否有异曲同工之处呢？我想是有的，因为明摆着，是否封笔，与一部作品是否优秀原无内在关联，读者也从来没有专挑“封笔书”阅读的习惯，但这位作者冷不防来了个真情道白，尤其当他在读者群里还拥有相当知名度时，就可能在读者心里牵引出一堆无端情愫。个别多愁善感的读者就此生出“十八相送”的凄迷情怀，也未可知。——我承认，这一招非常高明。当然，它唯一的缺点就是不能重复，倘若作者见好不收，试图“一招鲜，吃遍天”，说远点会让人想起周幽王的烽火台，扯近点则会让人想起卖月饼搭售钻戒的教训。董桥先生文集《从前》勒口上，铭有一道“夫子自道”，令人肃然起敬：“我扎扎实实用功了几十年，我正正直直生活了几十年，我计计较较衡量了每一个字，我没有辜负签上我的名字的每一篇文章。”以我对董桥文章的阅读，如果有必要，我愿意作证：董桥所言非虚，他确实言行如一，做到了自己想做的。但是且慢，如此表白，与上举例子中声称“只提取第一道麦汁精酿”的某啤酒或声称有“166 道工序”的某裤子，是否可以类比呢？我想还是有的。我承认，当代中国的作家学者中，如董桥这般计较文字，确实少见，但好歹也有几位；若把眼光放回到“从前”，再把范围拓展到翻译家领域，则人数还较为可观，董桥充其量只是其中之一罢了，绝无占据制高点的资格。即以当代作家为例，至少余光中先生就没有屈居董桥之下的道理，但问题是，董桥抢先说出来了，余光中好像没这么说过，这便有了抢占桥头堡、先据要路津的战略价值。

我没有讽刺董桥先生的意思——毕竟，他强调的，既是时下文坛极为紧缺的素质，也是本人颇愿跟风鼓噪的标准——我只是试图以这样两个例子，说明商场如战场、文苑如商场的道理罢了。在我看来，一个作家也就是一个品牌，你是做成百年老字号还是街头小卖部，不仅看他的能耐，多少也需要借助些包装策略。

2005 年 9 月 11 日

# 著名悖论

朋友出书，后记里提到我名字时，为示友善，特地加上“著名作家”的定语。出于我们大家都有一点的虚荣心，我足足感动了十五秒。然而正如俗话所说“好景不长”，十五秒钟过后，我的情绪为一阵长达十五分钟的难堪所取代。因为，不管我如何感激朋友的友情抬举，我还是有了一个狼狈的发现：“著名作家”其实是一个悖论。用禅宗话语来说，就是“说是一物即不是”，“道着即道不着”。

尚未出道的年轻作者，被称上一声作家，内心足以忐忑一阵子了，自省意识强烈者还可能伴有些许不安。待到名声渐长，尤其是待到自我感觉稍好，就可能嫌单单一个“作家”不够分量，压不住秤砣，这时就会追求“著名”。他或许是本着“取法其上，仅得其中”的道理，或奉行商业上的吆喝口诀，以为叫价高一点，到了读者那里即使打掉点折扣，至少还能把“作家”之名给保住。万一读者的自信心不强，被自己的漫天叫价唬住，遇到“著名”二字非但不存疑心，反而只会坚定不移地责怪自己的孤陋寡闻，自然更是天大的好事。——

招法固然不错，问题是其中的讽刺味道也太过呛人。

事实是，凡是大名前冠以“著名”的，都是远远谈不上“著名”的人。换个角度想想，事情更加明了。没有人会在提到爱因斯坦时强调他是著名科学家，因为爱氏之杰出和著名，已经成为现代常识的一部分，人们大可省略不计。同样，我们提到曹雪芹或鲁迅时，不仅可以省掉“著名”，常常连“作家”也可一并从略。更有甚者，个别人认为提到鲁迅，连“鲁迅”二字都可不提，径称“先生”可也。当然，对此我并不认同，我认为“先生”是一个大众化称呼，不宜让某人专擅。我们在表达敬意的同时，也得注意别让获敬者感到难堪。

在我们这个总有人强调“酒香也怕巷子深”的媒体喧嚣时代，有人喜欢以“著名作家”自诩，似乎已算不得一种不良行为了，不过我们也得知道，具有老派文士尊严的传统型作家，看法可能是这样的：别说“著名”，自称“作家”都有辱斯文。因为作家（请注意后面那个“家”字）是个荣誉性称呼，不宜自称，只能静候他人的礼节性奉送。同样，有尊严的画家往往只说自己是“画画的”，断然不会自称画家。

媒体上“著名”泛滥，或许有媒体从业者不得不如此的种种难处，但坏处也一目了然。就我而言，由于经常对某个“著名作家”或“国际影星”毫无所知，我也就经常被迫生出孤陋寡闻的自责意识。说实话，这份自责意识未必都是必要的。同样，如果你见到本人名前冠以“著名”二字同时却抓头挠耳不清楚对方是何方妖怪，请接受我的道歉。此事错不在阁下，著名者，急待著名而尚未著名者之谓也。

2004 年 9 月 9 日

# 诗与奥斯维辛

“奥斯维辛之后，写诗是野蛮的。”这句名言出自德国哲学家泰奥多·阿多诺。阿多诺如此说，乃是为了嘲笑大哲海德格尔，后者在获悉惨绝人寰的奥斯维辛集中营之后，竟然还有心思写诗，“足见此人野蛮”，阿多诺说。不过，阿多诺日后又作了自查自纠，承认自己有失偏颇，他说：“长期受苦更有权表达，就像被折磨者要叫喊。因此关于奥斯维辛后不能写诗的说法或许是错的。”

据此，我们可以认为，关于奥斯维辛之后还能不能写诗，如果写了，是否构成野蛮这个问题，目前尚无定论。我们不能因为有人这么说了，更不能因为说话者很有来头、引用者又成千上万，就让它成为一条免检的规则，以驳斥那些灾难后依旧写诗的人。喜欢引用自己看不懂的话，说穿了也是国人一大嗜好，比如，喜欢引用“难得糊涂”的人，十有八九都是难得清醒的家伙。

人们性喜引用阿多诺这句话，依我看主要是一种错觉。

当我们感动于“执手相看泪眼，竟无语凝噎”的诗境时，其实是因为它契合了我们的心理经验，我们认定，有时候语言是多余的，有时候抒情是邪恶的，有时候沉默是得体的。2008 年 5 月 12 日 14 点 28 分，汶川地震了，假如有人在当天 14 点 58 分就写出一首《江城子·哀汶川》，你的感受是否会相当奇怪？你会的，哪怕诗写得相当出色，你的诧异和反感依旧不减分毫；更进一步说，诗写得越出色，你的抵触也可能越强烈。因为，问题根本不在于写得如何，而在于“写”本身。我们都会认为，在这个国民情感震得四分五裂的关头，有人竟能在第一时间收拾好情绪，整理好音韵，排列好诗行，足以说明这家伙心如毒蝎、非我族类了。但是，时隔三个月之后，假如有诗人这样做，你不该再诧异了吧？实际上，三年过后我们若读不到任何哀悼汶川死难者的诗篇，我们很可能又会产生另一种诧异和愤怒了。可见，关于“奥斯维辛之后”是否可以写诗，还藏着一个“此一时彼一时”的机关。阿多诺没有说清楚何谓“之后”，而一天之后与一年之后绝不相同，我们当天拒绝接受的东西，也可能是我们一年后最希望得到的东西。

阿多诺的话还有另一层意思：目睹了奥斯维辛，人自然会萌生山川失色、日月无光之感，在这之后，我们有必要调整自己的艺术观，无论何时，内心都要想到那个毒气室，在此意义上，哪怕你掉转笔墨，去讴歌大自然的一草一木，去礼赞人间的男欢女爱，也是一种残忍。

这话明显过激了。没有人有权要求别人长时间沉浸在悲痛之中，相反，灾难过后迅速重新振作，以便积极面对人生，才是更可取的态度。何况，草木确实在葱茏着，百花确实在灿烂着，少年男女也确实在怀着春、钟着情，因为一次不忍目睹的人间惨剧就要求大家长时期处于哀悼状态，既乖违人情，也有悖上苍。

再以汶川地震为例，通过互联网我们已经看到，一些出自网民的自发吟哦，词句质朴，哀肠寸断，打动了无数读者的心。当然，有善类就有恶类，确实存在个别言词汗漫、不负责任的抒情，它不仅没有抚慰人们的哀痛，甚至极大地刺伤了读者的心，比如那首出自某作协副主席之笔的《江城子》。作者竟然有心情替惨死于瓦砾之下的学生虚构出一份“纵做鬼，也幸福”的愿望，真是骇人听闻。两相对照，我们不得不承认，有一种野蛮，就是奥斯维辛之后写诗。但是我们不能否认，另有一种真诚，也是在奥斯维辛之后写诗。

诗并非一件功能单一的抒情工具，诗也是直面人生、揭露灾难、抒发沉痛的有力表达工具。在“奥斯维辛之后，写诗是野蛮的”这句断语后面，嵌着一个不正确的判断，好像诗等于廉价的抒情。这个等式并不存在，所以，我的结论是，不加限定地引用这句格言，乃是一种不过脑的人云亦云。我个人所能做的是，写完本文后，再也不去引用它。

2008 年 11 月 29 日

# 戏说中的历史

在国内，任何一部引起热议的历史题材影视剧，上映后都可能伴生如下后续行为：有人投书报社，就该剧中某句台词或某个场景不符史实，进行商榷和批评。通常，批评总是成立的，批评者的口气也总是振振有词的，他们显然认为，指出历史剧里的文史错误，乃是一个文化人的义务。他们还有理由担心，一旦历史知识不足的学生误把编导的无知当真，将会妨碍中国文化的传承。

对此，我稍感别扭。

“戏说”大概是个新名词，但该词所表之义，却没有时髦可言，无论中外，以“戏说”态度对待历史剧，一直是古人的立场。早在先秦诸子笔下，不同时代的人物即经常被作者随意捏合，按需出场，所谓“寓言十九，诡说万殊”，人们见怪不怪。据说，柏拉图对话录里的人物，也未必经得起历史检验。古人似乎很早就意识到，历史是历史，戏是戏，宜分别对待。所谓历史剧，并非作家假借戏剧躯壳向读者传授史学，而是编导以历史为创作由头，完成自己的文学使命。拿史家标准要求历史剧，与其说是对历史的尊重，不如说是对文学的轻慢。何况，读者若真对历史感兴趣，大可不必买票看戏，直接去研读历史著作，岂不方便。小说《镜花缘》里有句对白：“只要有趣，哪里管他前朝后代！若把唐朝以后故典用出来，也算他未卜先知。”钱锺书《管锥编》引用了这句话，在“一七一”则里，作者还以洋洋五千余字篇幅，向读者介绍了大量“词章中之时代错乱”的例子，我们由此得到的结论竟然是：这句对白是正确的。相形之下，那些老是一本正经地纠正历史剧的观众，反倒显得多管闲事。他们混淆了看戏与读史的界限，误把别人的轻松消遣，视为学者的学术研究。

根据钱锺书提供的例子，我们发现，历史剧里类似的时代错误比比皆是。假如这算错误的话，莎士比亚犯过的错误更加严重。“莎士比亚剧本写古罗马事，约当汉景帝时，道及自鸣钟”。伏尔泰也不含糊，他在“赋十五世纪英、法战争诗中，有武士发手枪中人”。不仅如此，他还明目张胆地加了个附注，说：“前人而用后世器物，吾勿敢断言其当否，然读史诗时何妨从宽不究?”我相信，中国的张艺谋们虽然一直被人指点纠正，但所犯错误都不及莎士比亚来得严重，更窝囊的是，他们还不敢如伏尔泰那么坦然，一边犯错，一边要求读者“何妨从宽不究”。要知道，伏尔泰除了是哲学家、小说家外，还是一位著有大部头史学专著的历史学家，很难想象他会缺乏相应的历史常识，所以合理的解释是：他是故意的，他坚信，历史与创作，是两回事。

那么，是不是现代读者都普遍缺乏看戏的游戏精神，同时又普遍抱有旺盛的史学态度呢？话肯定不能这么说，依我看，问题首先出在编导身上。我们的编导态度暧昧，明明只是在编一出戏，眼光也明明只是瞄着票房和收视率（这无可厚非，法国电影教父安德烈·巴赞说过一句经典的话："归根结底，电影是一个企业。"），却偏要打出不必要的点缀，强调自己如何尊重历史，如何拒绝戏说，常常还会郑重其事地在片头打出几位名儿响丁当的历史顾问来，以期增加作品的权威度。那就是说，编导漠视文艺法则在先了，他们既然摆出一副历史权威的谱，观众一旦觉出你说到做不到，当然就要质疑发问了。——谁能想象莎士比亚与某位史学教授合写《亨利五世》呢？

大体而言，拿是否"关公战秦琼"来评价历史题材影视剧，并非总是必要的。但有个前提，按古人说法叫"明其为戏也"，即编导应该明确告诉观众：我们只是在写戏，目的是娱乐大众，而非讲授历史。何况，用电影来讲述历史，本来就不太靠谱。以战争片为例，任何有过战争经历的老兵，都知道战争的最大特点是单调，哪怕他参加过二战，记忆里也只是充斥着换防、集结、解散、待命、操练，无效移动远远多过有效突击。哪个导演敢如此这般地真实再现战争场面？如果他敢，等待他的只有一个结果：赔钱。

遇到影视片里的类似错误，我没有兴致去纠正。当然，那些性喜纠错的观众，我觉得非常可爱。

2009 年 8 月 1 日

# 古人的声色

当年任国文教员时，批阅学生作文，最受不了这句套语："古人尚且如此，我们更应如何……"在这些无知无畏的学生眼里，古人好像是一种二等人类。真不知哪来的气概。

其实，这受制于我们的视力、理解力和想象力。我们对于眼前事物，总是相对容易分辨；至少，我们自以为能够分辨。我们说起 80 后、90 后，振振有词，俨然那是两个不同的种群，而让我们说出唐朝人与汉朝人在观念上有何区别，对大多数人都极为困难。我相信，如果不是遇到改朝换代的大事，让人说出公元 1640 年与 1650 年的人在"时代思潮"上有何区别，最博学的历史学家也会傻眼。我们想当然地以为：没有区别。古人在我们眼里，类似复活节岛上的雕塑，总是形象呆滞、欠缺生命力。

坦白地讲，我也只是努力要求自己别把古人看扁了。持有这份认识也许并不难，但要有声有色地想象古人的日常生活，则"难于上青天"。除非，阅读中冷不防受到了刺激。比如下面这段话，如果我隐去作者身份，你能根据文字本身，猜出作者生活于哪个时代吗？

我就住在一家澡堂上面，这里发出的各种声音真使人不愿活下去了。精力旺盛的人在这里做运动，双手负重，用力摔动着，用力时发出的哼哼声，把憋住的气又吐出来的嘶嘶声，以及那大口大口的喘息声，我都可以听到。不大好动的人在此让人给他作一种普通的收费低廉的按摩，身心都感到满足。当我注意时，就听到按摩师击打他们肩膀发出的噼啪声。因为有手掌与弓掌之别，所以这声音也各不相同。要是接着来上个球类运动员，开始为得分而大喊大叫，那就真是热闹透顶了！接着还有人们的争吵声，抓小偷的呐喊声，洗澡时弄出的水声，人们跳入浴池时造成的巨大的溅水声。除了通常情况下人们正常的谈话声之外，还有那种以给人剃头拔毛为职业的人，以尖厉的叫喊和粗鲁的吆喝来显示自己的存在。这种人一刻都不安静，除非是在给别人拔腋窝毛，而这时他们又会让顾客朝他大声嚷叫！再想想卖酒的、卖香肠的、卖其他种种点心的人那各种各样的叫卖声，以及饭馆里招揽顾客的咋呼声吧，他们以其独特的声音来兜售自己所卖的东西。

这段文字不仅体现出浓郁的市井气，似乎还有充分的现代性。我家对面一幢大楼下面，也有一座规模宏大的澡堂，设施先进，但我不记得内有“给人剃头拔毛”的人，就此而言，认为作者在描述一个更加现代的都市（与我居住的上海相比），也未尝不可。但，作者叫塞涅卡，出生于两千年前，曾经担任过古罗马昏君尼禄的家庭教师。重要的是，他不是在进行文学创作，我摘录的乃是他写给同时代人的一封书信，出自他的传世杰作

《道德书简》，我没有理由怀疑它的可靠性。

必须承认，我虽然也接触过一些古罗马材料，对罗马人豪奢的生活也非一无所知，但读到这段叙述，还是震惊于其中鲜活如《清明上河图》的场景。古人曾经活得如此现代，你想象过吗？

同样，如果我们读书不多，而看影视剧却太多，我们就可能把中国古代妇女的地位想象得过于悲惨。那天读《管锥编》，钱锺书先生摘引的几封古人“休书”把我逗乐了。竺僧度出家前给妻子杨苕华写信道：“人心各异，有若其面，卿之不乐道，犹我之不慕俗矣。杨氏，长别离矣！万世因缘，于今绝矣！处世者当以及时为务，卿年德并茂，宜速有所慕，莫以道士经心，而失盛年也。”据说，这是中国可考的第一封“休书”，内容却未见多少“封建性”，竺僧度还鼓励杨苕华珍视青春，快点去找自己的如意郎君。另一封宋代人写的休书是这样的：“快将纸墨和笔砚，写了休书随我便。今朝随你写休书，搬去妆奁莫要怨。手印缝中七个字：‘永不相逢不相见。’鬼门关上若相逢，转了脸儿不厮见。”你听，口气是女方的，态度是决绝的，除了女方按规定不能写信“休夫”外（故要求男方“写了休书随我便”），似乎再也看不到别种“不平等”了。

钱锺书告诉我们，这封休书足以概括宋人休书格式，就是说，这种事不是个别的，而是颇为常见。

2009 年 1 月 30 日

# 任人打扮的格言

读到一篇对旅美历史学家许倬云教授的访谈，言谈中提及胡适的名言："历史就像一个小姑娘，可以任人打扮。""凭自己史学家的良心，凭一个史学家的判断能力"——访谈者告诉我们——许教授断然认为，胡适讲这句话乃"是一个反讽"。

我有点傻眼。据我所知，胡适压根没说过这句话，何来"反讽"？

常言道："说有易，说无难。"笔者并未遍读胡适，如何敢断言他没说过这句话呢？理由有二：其一，胡适曾撰文《实验主义》，介绍他老师杜威的思想，内有句云："实在是我们自己改造过的实在，这个实在里面含有无数人造的分子。实在是一个很服从的女孩子，她百依百顺地由我们替她涂抹起来，装扮起来。好比一块大理石到了我们手里，由我们雕成什么像。"我确信，别人（包括许倬云教授）的误读误记，缘此而来。其二，假格言与胡适关于"实在"的描述，意思上正好针锋相对，南辕北辙。一位思想坚定的学者，哪怕著作等身，你也不易找到一句自我否定的话，何况，胡适的行文兼行为特征恰恰是：思想一经成型，就数十年如一日地坚持始终，未尝稍改。

许教授大概也意识到这句话很不胡适，所以才疑心胡适玩了一把“反讽”，但问题接着就来了：熟悉胡适风格的读者想必知道，胡适从来不是一位热衷于把玩修辞术的文体家，他平易朴素的文风早在青年时代即初步定型，从此贯彻一生。类似“反讽”之类曲里拐弯、极易让读者摸不着头脑的文人笔墨，毕生强调“说话要明白清楚”的胡适，根本不屑一顾。（附带说一句，说到“反讽”，国人鲜有不说错的，绝大多数人都将其视为一种高级版的讽刺。这错得离谱。）胡适对“明白清楚”的捍卫甚至固执到这种程度，哪怕刻一枚藏书印，他都会舍弃一切传统做派，规定只许写“胡适的书”四字，字体还必须用隶书，不能用篆字。有人曾请教胡适“李敖的文章怎么样”，胡适回答说：“在我的年纪看来，总觉得不够。……他喜欢借题发挥。你要记得，做文章切莫要借题发挥！”所以，说胡适在运用“反讽”，在我听来简直就像说胡适在街上和人打架一样离奇。

蹊跷还不止于此，在伪格言“历史是个任人打扮的小姑娘”里，有一种颓废色彩，作者好像嘀咕道：“历史嘛，哪有真相可言，不过是巫师骗子的喃喃作法，不可信，信不得。”这种话头，出自一名愤世嫉俗的艺术家，倒还依稀仿佛，唯独不可能出自胡适笔下。胡适不仅再三强调“历史是我的训练（traning）”，他还常被人半讥半赞地称呼为“不可救药的乐观主义者”，相信进步、性情阳光的胡适，非但全无颓废情绪，他还是颓废者的最佳解药。上引他关于“实在”的比喻，即充盈着乐观昂扬之气。胡适分明在告诉当时的青年人：实在（亦即“社会”）就在我们手上，只要做出切实不断的努力，我们就可以令人间变得美好，美好得就像“百依百顺的小姑娘”。

引用前贤格言时，因记忆之故而漏缺几字，或颠倒一下语序，自然无伤大雅。但颠倒到这种程度，导致我们把一句最不胡适的话，整天津津乐道成胡适名言，就说不过去了。我已经无数次见到别人提及这句胡适名言了，每次都抱着见怪不怪的态度。喜欢引用格言，也是一种极难根治的中国式写作癖好，我们还盛产这样的作者，对他们来说，仅仅引用本身，就是一桩足以令文字增光添彩的手段，至于所引之句是否属实，反成了一桩大可掉以轻心的小节。他们还尤其偏爱引用俗滥之语，他们似乎觉得，只要大家不约而同地引用，就等于集体免除了核实原文的义务：要对大家一块对，要错大家一块错。结果，哪怕是一句乍看之下晦涩难懂的话——比如黑格尔的格言“凡是存在的都是合理的”——也会被我们上到教授、下到中学生的作者，乐此不疲地引用着。

把格言赶成市集，人类的智慧也就在悲喜交加之间，露出滑稽相。这是不该有的滑稽，毕生笃嗜考据的胡适，竟然成了“历史是个任人打扮的小姑娘”的发明者，在我不妨视为一种滑稽，倘胡适有灵，不知会作何感想。他真会觉得“反讽”吗？

2008 年 9 月 2 日

# 三流学者：一种无奈的结构性设置

三流学者，也许是世上最滑稽的社会性生物。并非人类文明的发展需要三流学者贡献才智，他们的存在纯属一种无奈的结构性设置。

任何学者，无论天赋如何，只要坚守学术立场，愿意并能够为学术略尽绵薄——哪怕编一本族谱，校勘一册古籍，纠正一个谬误——也算无愧学者名分。我所谓三流学者，专指那种徒具学者之形而欠缺学者之魂的家伙，他们惯于以政治正确代替学术正确，以学术背景显示学术力量，总能源源不断地写出符合论文格式的玩意儿，在其著作或论文里，一切外在标准——关键词、索引、注解、参考书目等等——一个不缺，唯独不曾解决一个学术问题，甚至不曾提出一个略具价值的学术困惑。他们的任务就是绑定某位有号召力的学术大腕或政治领袖，像头戴统一小红帽尾随在导游小旗下的观光客，只要最终把自己的浅见归结到大师名下，就算大功告成；至于该浅见是否与大师相关，是否与学术具有内在关联，是否捍卫了真理和学术良知，则在所不计。大学者另立门户，独往独来；普通学者兢兢业业，逐个面对并解决具体问题；三流学者性喜扎堆，尤其擅长呼朋引类地显示自己的存在价值。大学者虽也承续前人，但总是单独向某个未知领域挑战。三流学者由于缺乏求真务实之志、决疑创新之念，故永远忙于证明某位大学者言之有理，好像他不这么证明，大师的光辉就会减少分毫。至于沦为替政客的治国方略提供合理性证明，则更加等而下之。

自从世上存在所谓学术界，这类现象就一直存在着。18 世纪英国大批评家约翰逊博士说过："在一所大学中，找出两个诗人是不可能的，但是，找出两百个学者，应该没有什么问题。"不用说，这里的学者，正是"三流学者"。

给三流学者分类是件乏味的事，三流学者虽有高下之别，好比百分制考试里，15 分与 55 分好歹也有不同，但得体的做法是放弃区分，概以"不及格"视之。智力固然不必奉行节约原则，听任心智抛闲置散，却也不像话。

任何领域，都有优秀平庸之分，一流三流之别，这既取决于天赋，也与机遇、环境等因素有关，不足为奇也不值得讨论。真正可议之处在于，在除学者之外的其他领域，三流人物或多或少都有其存在价值，唯独在所谓学术界，三流学者才沦为一种怪诞的存在。比方说，虽然一流企业家更加值得尊重，但一个诚实经营的豆腐作坊老板，也能给百姓带来益处，他勤劳本分的劳动，不应在任何层次上遭到嘲笑。更贴近的参照，可以"三流文人"为例。一个才情有限的三流文人，同样有其价值，他对生活的感慨心得，也许丰富了时代的细节，也许保留了生活的本真，虽然手笔不大，但一般也能让人得到消遣。人们除了应该阅读公认的名著，他们也有了解日常凡俗之需，这些需要类似精神上的柴米油盐，不足挂齿也不可或缺。有时，哪怕一篇文章漏洞百出，读者也可能得到愉悦。与之对照，刊登在三流学术刊物上的三流论文（且不说有些还是用“版面费”买来的），竟连制造笑料的功能都没有。要说世上有一种阅读比上网偷菜更无聊无趣，我能想到的例子，就是读三流学者的论著了。至于写这类文字的家伙有多无趣，大概唯火星上的打更者可比。

将三流学者视为重要人物，实属错觉。为了维持某种教学序列，人们需要给予不同的人以不同的等级，并使其获得不同待遇。从原理上看，该等级与技术工人的等级或船上的大副、二副一样，只是行业内的标准，并不与外界发生关联。但由于知识天然的崇高性和弥散性，一个拥有教授头衔的三流学者，极易以失控的方式超越自己的行业，变身为一种笼统的精英。

三流学者既是一种无奈，按说我们就该容忍其存在，不必大加挞伐。这话有理，人们确实也一直在容忍着，但这并不妨碍我对其负面性稍加指陈。尤其在今日中国，当个别抄袭者都能猎获大师的头衔，不少剽窃之徒还纷纷晋身为博导、院士、院长时，事态的发展就越过了容忍的界限。通常，身为学者教授，一经被揭抄袭，三流属性即永久注定，至少，精神上如此。认为这号人物还会给学术带来推动，实属冬烘之见。他们除了告诫后人何谓“不体面”，再无别种价值。现实却是，他们中不少人还以榜样的方式存在着，东窗事发前如此，东窗事发后依旧如此。其中一些人凭着一套龟息大法，咬牙死扛，竟然还能维持一流学者的体面，另一些人甚至玩起了雇凶杀人的黑道营生。可见，让三流学者老老实实地呆在三流位置上，谁都愿意容忍，不可容忍的乃是三流学者的一流化，后者势必给学术带来重创。我们的青年后进在这类恶性榜样的示范下，稍不留神即可能放弃学术理想和职业操守，随之群趋而俱下。所以，蔑视三流学者，并非仅仅为了向他们传递一种蔑视，而是为了善待真正的学者，同时保护我们摇摇欲坠的学术本身。

美国大律师、哈佛法学院的亚伦·德肖维奇对自己“终身教授”的职责，有可敬的理解，他说：“我总以为终身教授即意味着你不需要有胆量，就能够直言不讳地说出那些不受欢迎的真相。”我觉得，如我这种无需看老板脸色行事的文字单干户，也不妨见贤思齐，主动承担“说出那些不受欢迎的真相”的责任。小文的出发点无非如此，的确，这“不需要有胆量”，只要一点诚实就够了。

2010 年 12 月 9 日

# 高危的艺术批评

郭庆祥先生发表在《文汇报》上的批评文章《艺术家还是要凭作品说话》，因不点名地批评了画家范曾先生，被范曾一纸诉状告上法庭，理由是，郭文导致范曾的“社会评价降低”，并造成范曾“极大的精神痛苦”。北京昌平区法院一审裁定郭庆祥先生败诉，必须道歉并赔偿范曾“精神损害抚慰金七万元”。也许，郭先生还得暗自庆幸，因为范曾的索赔价曾高达五百万元。

我读过郭文，依我之见，除非文中关于“流水线作画”的事实陈述存在蓄意捏造，否则，郭文不过一篇寻常而又正常的批评文章，在最极端的情形下都不致引出法律纠纷。事实是，被告郭庆祥在法庭上出示了多幅范曾作画时的照片，我也在郭先生的博客上见到了这些照片，从中可以清晰无误地看到，在画家范曾的身后，挂着一墙模样类似的头像未定稿，各个头像间的差别，并不大于两个秦俑或两只熊猫（请读者见证，慑于范曾先生的赫赫威名，我在比喻时，谨慎地选择了两种国宝，以期符合范曾先生“五百年一遇”的自我认知，并稍减其雷霆之怒）。郭庆祥先生将这种作画方式比喻为“流水线”，也许谈不上奇妙，但起码还算准确——难道比喻不够奇妙也要罚钱吗？至于郭文的艺术观点，依我等对言论自由的理解，无论对错，均不在法院的管辖范围之内，正如警察不能因为我走路样子难看就把我铐走。艺术评论自成一个天地，倘若范曾或别人认为郭文观点有误，撰文回击就是了。观点上的交锋，小而言之属于批评界的合理冲撞，大而言之则是“百家争鸣”的标志，又何劳法官大人居间仲裁？

依我敬畏法律的习性，我想当然地以为，法院既然判郭庆祥败诉，法官一定在事实层面找到了若干铁证，足以证明郭文蓄意诽谤，比如，照片是伪造的。结果大出所料，昌平区法院的一审判决书里，无片言只语涉及事实真伪，法官只是强调：“《郭文》中通篇对范曾的诗、画、书法、作画方式及人格分别做出了贬损的评价，如‘才能平平’、‘逞能’、‘炫才露己’、‘虚伪’等，造成其社会评价的降低及精神痛苦，郭庆祥的行为已构成对范曾名誉的侵害。”换言之，法官似乎认为，无论你做出的“贬损的评价”是否与事实相符，都不应造成让对方“社会评价降低及精神痛苦”的后果。

为照顾题旨，我暂且把批评的涵义缩小为“批评、揭露对方的不足或过失”，我们立刻发现，任何还算成功的批评，都难免程度不等地造成被批评者的社会评价降低。就是说，被批评者“社会评价降低”，非但不是批评者的过错，更多情况下还是批评的逻辑结果及当然之义，折射了批评者的素质优异。比如，某批评家有理有据地揭露了某教授的抄袭行径，我们难道不该为后者的社会评价大幅降低而叫好，反而替他鸣冤叫屈吗？

假如我把昌平区法院的判决理解成这样一条告诫：“你可以批评，但不得造成对方社会评价的降低。”我们不妨接着想想：什么样的批评，才会符合这个条件？我默思良久，结果找到了两种，一种是失败的批评，一种是变态的批评。所谓失败的批评，亦即“搬起石头砸自己的脚”的批评：你针对别人的批评非但没能成立，反给对方提供了一个澄清并提升自我形象的机会。所谓变态的批评，亦即“小骂大帮忙”的批评，如下属批评领导工作过度、对身体太不爱惜云云。上述两种批评，虽然任何一位正经批评家都力避与之有染，但如你所见，它们双双达到了昌平区法院恩准的批评标准：成功避免了被批评者的“社会评价降低”。

郭庆祥先生赔付的乃是“精神损害抚慰金”，看来，批评者除了确保被批评者的社会评价系统纹丝不动，还必须优先确保对方不会产生“精神痛苦”。据说，范曾先生提供了一份内科诊断（不是精神科专家的专业诊断），虽然就诊时间距郭文发表已有五十来天，且患者吃药五天后即已获得“睡眠改善，能持续睡觉四小时，食欲好转，情绪稍稳定，急躁易怒改善，记忆力好转”等可喜疗效，但结合那份法院判决书，我有理由认为，法院不仅高度重视范曾先生的睡眠质量，还将范曾的生理变化与郭庆祥的批评文章进行了化学关联，七万元罚金由此而来。那么，批评者需要何等超级智慧，才能保证被批评者的睡眠质量呢？我不知道，我唯一想到的对策是：放弃批评。

对于执意不愿放弃批评的人，我想，他最好也能接受昌平区法院的另一个暗示：柿子拣软的捏。批评一位动辄索价五百万的人，风险太大，远不如批评弱势草根族来得实惠。

出于对司法判决和法官大人的尊重，本文中我竭力避免任何宏大先进观念可能带来的刺激，只是小心翼翼地围绕艺术批评的写作空间，进行枝节性质疑。鉴于司法判决的有效性从来不是、也不应该是仅仅针对个案的，因此，一旦昌平区法院的判决结果成为后续案件的先例，艺术批评（包括笔者深爱的文学批评）将顿陷日暮途穷之境。也许，我该心存侥幸，希望昌平区法院的法官只是一时性起，玩了把下不为例的个性化判案。但愿如此，虽然我又知道，参照约翰·罗尔斯在《政治自由主义》中阐发的“公共理性”概念，法官乃是天底下最没有权利阐发个性化见解的人。

本文斗胆对昌平区法院的判决进行了批评，但苍天作证，没有人比我更不愿意看到昌平区法院的社会评价随之降低。因为，法院地位一旦下降，民众的地位必将以更快的速度下坠。

2011 年 7 月 8 日

# 剽窃与体制

“不佞半世操觚，不攘他人一字。空疏自愧者有之，诞妄贻讥者有之，至于剿窠袭臼，嚼前人唾余，而谬谓舌花新发者，则不特自信其无，而海内名贤亦尽知其不屑有也。”这是清初大才子李渔写在名著《闲情偶寄》里的发凡语。这段话，听在任何一位充满笔墨自尊的文学豪客耳里，都至为寻常，他们将其看做文人的本分和行规，未必奉它为励志语，用来提醒或鞭策什么。写作，归根到底取决于创造、思想及比喻的意志，有此意志，则蹈常袭故都不堪忍受，更遑论攘窃他人了。反观原本不存在此种意志的家伙，是否窃取他人，则只需瞪圆一双滴溜溜的鼠眼，见机行事就可以了；对他们来说，此事无关意志，不涉尊严，唯依场合而定。

我举李渔为例，也有相当说服力，因为李渔身处的明末清初，既没有现代意义上的著作权法，也不存在现代职称制度。当年，任何一位有点名头的大文人，大名都会被人随意借用，包括李渔本人。比如，李渔为毛伦、毛宗岗父子编次的《醉耕堂本三国志演义》写的精彩序文，就曾被归到当时另一位大学士金圣叹的名下。

我们知道，将自家文字假托在某个前人或无名氏名下，乃是我国形成于汉代的古怪传统，在李渔之时，此风依旧盛行。可见，李渔是在一个无需特别强调笔墨操守的时代，作此担保的，这更加难能可贵。

对于当前国内屡禁不止、甚嚣尘上的抄袭剽窃之风，论者大多偏爱从体制角度寻找原因。依我小见，这角度对一半、错一半。对于真正视文学创作、学术创新为生命的人，没有一种外在力量可以令其变节，他们的写作不受体制钳制，不随外因篷转，他们执笔为文，纯粹为了实践自身的笔墨意志。所以，哪怕今日体制确有怂恿偷盗的倾向，受到怂恿者也只是些三流货，亦即那些即使改邪归正也不会给人类带来非凡贡献的家伙。假使李渔活在当今，我们不必担心他走向堕落，正如我们不必担心陈寅恪或沈从文等真正的大师会有剽窃之举。所以，操着“体制”这把牛刀，不可能分析出李渔或陈寅恪为何不曾抄袭，此即“错一半”之处。然而，当我们用同一把刀来衡量那些三流角色，体制的诱因就不可忽视了，这便是“对一半”之处。

扼要地说，一种学术生态相对良好、文字宵小会遭到惩罚的制度，对于真正的天才或才华有限但充满笔墨自尊的人，影响微乎其微。再好的制度也不会把平庸者变成天才，而糟糕的制度虽足以埋没或扼杀天才，但一般不可能迫使他们由创造者堕落成偷窃者。创造者是一种精神贵族，他们的气质翱翔在体制之上。所以，在糟糕体制下，曹雪芹仍然会是曹雪芹，而那些在良性体制下原本只配为曹雪芹磨墨的家伙，却一个个意态飞扬，悍然院士、院长、博导起来了。区别就在这里，良性体制会还原三流人物的本色，使他们无从猎取超出自身能耐的光环，而糟糕体制会使得三流人物大为亢奋，致使沟渠小虾纷现龙腾虎跃状。

仅在最近两个月里，我们的学术环境就因一套组合拳般的剽窃丑闻再受重创，先是某副校长、副院长相继东窗事发，接着，中国最年轻市长又被曝抄袭。不知你怎么想，反正，我虽然永远不会原谅抄袭之徒，但在官能上，早已对此麻木了。真正使我震惊的，是《法制晚报》2009 年 7 月 10 日刊登的一篇记者报道，道是“我国近半数科技工作者认为当前学术不端行为普遍，超过 50% 的科技工作者对学术不端行为持宽容态度”。我可以把这种“宽容”视为犬儒症的突出表现，犬儒症的特点之一是：总是无法恰如其分地体现自身的道德情感，要么宽容得不是地方，要么中庸得一头雾水。一个人，脑袋瓜不好使，同时又热衷于体现宽宏之态，一般说来就是一位高度疑似的犬儒症患者。但比犬儒更值得忧虑的，是一种我姑且名为“贼船同盟”的危害性。

宽容一名剽窃院长或抄袭博导，如果仅指保持他的工资待遇不变，我或许懒得表示异议。假如“宽容”意味着让他继续享有原来的身份荣誉，那么，对他的宽容恰恰等于对他人的戕害。一旦这种宽容得到广泛认可，并迅速潜规则化，我们就可以把它判定为一种体制性特征了。结果会怎样呢？依漫画家方成先生一幅著名漫画的指点，我们都获悉了一种“武大郎开店”现象。武大郎开店与其说是现象，不如说是规律，即，你永远不必相信，一个靠抄袭剽窃起家的院长，会对真正的学术精英另眼相看，而不是视如仇敌；你永远无需怀疑，一个这样的家伙，除了进一步污染学术空气，别无他长。因为，只有当他确信周遭存在一个剽窃集团，同时确保周边不会有嚷嚷着“不攘他人一字”的李渔之流给他添乱，他随剽窃发迹的伪学术前程，才会得到充分保障。长此以往，“贼船同盟”即告成立。不幸的是，贼船同盟还是世上最坚固的同盟，他们因互握对方把柄而决心沆瀣一气、依偎到底。不客气地说，所谓“宽容”之声，多半出自他们的合唱。明眼人都知道，宽容一个剽窃校长，就是授予他继续荼毒学生的权力。其间利害，孰轻孰重，原本到眼即明。

体制虽然无法使天才的李渔一族走向堕落，却会让一伙注定碌碌无为的三流货夤缘得势，占据学术要路津。当他们因利益趋同而构建出一个贼船同盟时（依我看，该同盟已然建成，且呈日益壮大之势），我的心情，唯“黑云压城城欲摧”可表。所以，请你理解，我对宽容派的警惕，并不稍逊于对东窗事发者的厌恶。

2009 年 7 月 16 日

# 抄袭如何成为浑水

王彬彬先生揭露汪晖先生抄袭一事，事实尽管确凿，尘埃却远未落定。撞上那些为汪晖辩护的理由，我不免有一种智力上的屈辱感。

判断抄袭，原本技术含量有限，粗通文墨者凭借常识，亦可得出八九不离十的判断。抄袭又叫剽窃，锁定一个“窃”字，此事即可落槌定音。我们知道，只要没有额外说明，书籍或文章里的任何文字，其知识产权都理所当然地归作者所有。因此，只要存在一段个性化表述，作者没有明示或暗示来源，事后却证明该段文字属于他人，即可认定为“窃”。

回头看为汪晖先生辩护的理由，择其大者而言，约有三条逆袭路径：一、强调当年的学术失范，以便将属于个人的过错，改由环境及时代局限性来垫背；二、强调汪晖的原创能力，以便从动机上否认汪晖的抄袭意图；三、对王彬彬的文风反戈一击，以便通过证明“你也不是好东西”，曲线助汪晖脱困。可惜，上述三法，均有沦为笑谈之虞。

先看其一。不抄袭，乃是学者文人一项原始禁忌，与学术规范初无关联。拿学术失范替抄袭辩护，就像说在《治安处罚条例》出台前不存在小偷一样可笑。考察学术规范的本意，亦与抄袭无关，要求学者在论著中注明出处，初衷只是方便其他学者检验学术成果，方便普通读者知晓学术门径，以促进学术的薪火相传。学术规范瞩意于学术上游，而抄袭属于笔墨行的末流和外道，两者针锋不接，学术规范在任何意义上都成不了抄袭的借口。以笔者为例，由于自认写的只是随笔，出于对随笔这一轻松文体的尊重，例不加注，我只需用引号或文字说明某段话非出己手，即可脱尽抄袭之嫌，是否点出原作者名号，亦非切要，不妨随文字场合而定。但我从不担心被目为剽窃，在论坛上还曾说过："只要有人找出十四个字与他人相同，我就认栽，从此退出笔墨江湖。"初听，人或以为我口出狂言，试加还原，我不过在说自己不会偷邻居一块肥皂罢了，那是写作者的职业底线，何狂之有？我若将此视为对学术规范的恪守，倒是徒托大言了。学术规范乃现代学术的产物，抄袭则古已有之，对抄袭的鄙夷同样古已有之。据罗念生先生说，古希腊两位剧作家欧波利斯和阿里斯托芬，就曾"互骂对方抄袭自己的作品"，中国古人甚至有直接入户抢劫手稿、再署上自己名字发表的恶例，从没有人因为当年学术规范未立就对此轻加原谅。另外，说到上世纪八十年代，学术界虽因百废待兴而稍显稚拙，印象中却较少雅贼出没。有人若认定当时的学者连抄袭与加注的界限都分不清，那是把八十年代混同于蒙昧远古了。

次看其二，即汪晖的学术原创力。我觉得，这是个稍许隐蔽些的浑水术，尽管，其荒谬性同样一目了然。因为，抄袭与抄袭者的学术原创力并无因果关联，正如偷窃与偷窃者的经济能力也无必然联系，年薪千万的大牌球员，还时常被曝在超市里干那顺手牵羊的勾当呢。依这派辩家的路数，难道只要窃贼拍打鼓鼓囊囊的钱包，再撂下句“老子的钱足够养你八辈子”的狠话，警察就活该对他笑脸相迎吗？再则，抄袭特指窃取对方的表述方式，而非思想本身，这也是著作权法的常识。思想不在著作权法的保护范围内，理由是，出于弘扬人类精神文化的神圣目的，我们必须最大限度地保障思想传播，不宜用一道法令限制其流通。就是说，你大可让康德或马克思的思想来照耀并指导自己，但无权把先哲的非凡表述伪造成自己的独家心得。很遗憾，汪晖被人逮住的例子，恰恰不是思想，而是他人观点的表述方式。别忘了，他将美国学者勒文森对梁启超的评价挪移到鲁迅身上，反映出的问题还不止加注，鉴于汪晖置换了对方的论述指向，合乎体统的做法，是必须在正文里予以解释，否则，除了涉嫌抄袭，还涉嫌篡改涂窜。因此，无论汪晖是否具备学术原创力（坦白说，我懒得打听），都不足以证明他拥有将他人表述方式窃为己有的特权。

再看最后一条，即王彬彬的文风。我承认，王彬彬写得不够高明，首先，他没必要在揭露抄袭之前，先对汪晖的文风进行揶揄。问题不在于揶揄，而在于两者分属不同层面，文风问题不妨见仁见智，属于可商榷而不宜追究者，抄袭则是笔墨罪愆，属于可追究而不容商榷者。揭露抄袭前先讥讽对方的文风，是一种多此一举的预热术，好比检察官在指控一桩罪行时，先对被告睡懒觉的习气加以嘲笑。其次，他在揭露汪晖时，据说遗漏了对汪晖有利的证据，比如一个脚注。我以为，此事如若属实，不管出于有意还是失察，都应遭到回击，但饶是如此，也不构成对汪晖的开脱。以拳击为喻，王彬彬存在的问题，类似拳击里的击中无效部位，给予警告并相应罚点即可，考察汪晖是否抄袭，关键还得看王彬彬是否击中过有效部位，只要击中并得点了，检举就算成立。著作权法的另一个相关常识是：抄袭成立与否，不以规模的庞大为构成要件，只要有一处指责成立，抄袭即可定性，规模云云，只是程度之别，非性质之判。如此看来，王彬彬指出的梁冠鲁戴及其他网友指出汪晖抄袭李龙牧先生论文的例子，均属无从顶嘴的铁证。王彬彬的文风纵有天大问题，也改变不了汪晖抄袭的事实。

现如今，媒体揭露出任何一个抄袭者，都不足以让人心寒了，真正让我胆寒的，是这些说不清道不明的浑水式辩护者，他们的辩护越是愚蠢，似乎也越为明确地昭示出当前学术生态的恶劣和凶险。当然，这份卫护里是否含有唇亡齿寒之悲、兔死狐悲之叹，就非我所能断言的了。

2010 年 4 月 12 日

# 造假者的下文及旁白

在一个盛行造假的社会，相对最不容易出错的，就是打假。只要事关打假，我们看到的揭露和报道，总能在第一时间显出不容置疑的态势。以最近先后因抄袭和伪造学历被推上风口浪尖的“学界领袖”汪晖和“打工皇帝”唐骏为例，依我的常识和判断力，揭露都是有根有据的，我没有他事可做，只是静候下文。

所谓下文，指的是被揭者的反应及相关责任机构的追究。

截至目前，这类下文令人极度失望。大要不出两端：被揭者要么咬紧钢牙，默不作声，以静候时变；要么反戈一击，把矛头指向对方的动机。汪晖依旧令人绝望地沉默着，唐骏原本也打算沉默，后因定力不足，遂老掉牙地祭出反戈一击的套路，一边污蔑对方炒作，以便造成战略上矮化对方的华丽声效，一边扬言法庭上见，以便臆想对方不战而怯，先行收兵。至于相关责任机构，汪晖供职的清华大学，目前也和汪晖一样沉默着。在不该沉默的时候，他们坚定不移地沉默。

那么，正确的“下文”该是什么呢？大要也无非两端：要么据理力争，围绕事实这个轴心，还自己以清白；如若不济，则只能先道歉，后辞职。从地域角度说，道歉与辞职虽然不是国人的通行做法，但从文明人的担当来看，非如此不足以收获尊重，重新做人。网上见到一段牟春光先生的评论："唐骏这件事，在美国，他要辞职，100 个人只有一个价值观：诚实；在日本，他要谢罪，100 个人只有一个价值观：担当。在中国，他要狡辩，100 个人有 100 个价值观：他的事跟你有什么关系？"虽然对中国人的概括涉嫌过激，读来仍倍感苦涩。

作为个人，面对剽窃造假之徒，是否还能保持激愤之心，是检验个人文明教养和正义程度的标志；作为社会或机构，对此辈是否能及时予以惩戒，也是检验社会是否深陷泥潭的标杆。我对置于风口浪尖上的那几个人，早已兴趣缺缺，无论他们之前猎获了何等尊严的名声，此类丑闻一出，一切顿归笑谈。我相对更感兴趣的"下文"，来自试图为汪晖、唐骏辩护的看官们。

这些看官暴露出的问题也是林林总总，不一而足，但即使收缩范围，只从最基础的逻辑角度——比如同一律——着手，也能看出令人咋舌的风景。我们知道，同一律是逻辑学（人类理性）四大基本原理之一（另三个是矛盾律、排中律和充足理由律），在讨论问题时恪守同一律，乃是讨论得以在理性轨道上进行的基础兼前提。同一律的原理是：事物只能是其自身；苹果就是苹果，不是香蕉。比如，面对“指鹿为马”的行为，理性人所能做的，只能是指出“鹿不是马，马不是鹿”，而不可能是别的。试看一位李陀先生，他在接受《东方早报》访谈时，竟然无视汪晖抄袭的事实认定，把同一律发配至爪哇国。他先是妄忖对方（林毓生先生）另有一层醉翁之意（原话是：“由此我不能不猜想，你对汪晖问题的关切，不只限于‘抄袭’，而是有更大的想法，关系到当今中国和世界读书人都在思考和争论的很多大问题。”）然后，他就置近在眼前的“抄袭”于不顾，大踏步地要求对方就他虚构的天边外“大问题”，展开“百家争鸣”，为此，他还漫无章法地抒了一把情，强调那将是“何等令人向往的局面”。

试问，谁承认他虚构的大问题了？经过一番袖里乾坤大的魔术，他想当然地以为，汪晖是否抄袭，已经不再重要，重要的是其他“大问题”。而在我看来，事实认定从来无需百家争鸣，“百家争鸣”这个词固然美妙，但倘若施于“指鹿为马”的场合，那一定会是“何等令人绝望的局面”。

在对唐骏持同情态度的声音里，大多从“文凭不等于能力”的角度实施辩护。很遗憾，这依旧是一个漠视同一律的思维恶例，毫无逻辑可言。因为，文凭与能力，本来就是两码事，与伪造文凭相关联的概念，不是能力，而是诚信。在涉嫌伪造文凭的场合强调唐骏先生的业务能力，好比在有人“指鹿为马”时强调那头鹿的美妙花纹。何况，任何稍具常识的人，都不会把文凭等同于能力。微软帝国的创立者比尔·盖茨先生，连大学本科文凭都没有，但他没有伪造文凭，这才是他与唐骏先生的区别。

“唐骏门”里除了这些“下文”，还有个更令人沮丧的旁白，我们发现，唐骏先生落在老资格的造假者眼里，还显得小儿科。国内大学替在职官僚慷慨提供博士文凭，早已持续多年，且早就是公开的秘密了。这些程序上没有造假而骨子里一派虚假的文凭，再有一百个“打假斗士”方舟子，也无济于事，我们只能嗟然叹息。

稍感欣慰的是，据一些门户网站调查，在对唐骏造假一事表明态度的网友里，超过90%的网友都持否定态度。他们认为：诚信乃人之大节，身为上市公司高管而在诚信上有所缺失，辞职是他唯一选择。看来，说100个中国人有100个价值观，的确偏激了。因此，我们仍有理由继续期待下文。

2010年7月9日

# 学界会大乱吗

汪晖先生涉嫌抄袭一事余波未熄，朱学勤先生涉嫌抄袭的证据，近日又哄传网络，并迅速得到平面媒体的关注。面对此类指控，我希望自己秉持这种态度：不问动机，不问门派，唯事实是问。月前在论坛上回应某网友关于门户之见的质疑时，还曾强调："抄袭就是抄袭，抄袭与门户之见无关，抄袭自成一个委琐山头。从我来讲，假如朱学勤先生或汪晖先生被指抄袭，我的鄙夷肯定不减分毫，说不定还会更加激烈。"这不，话音还盘旋在半山腰呢，针对朱学勤的抄袭指控，转瞬间已弥山遍野。我得承认自己的尴尬，当初这么说，原是顺手举例，私心还坚信朱学勤先生绝不至此。通常，一个人的学术地位越尊崇，他就必须接受越严厉的学术质疑，对汪晖如此，对朱学勤同样如此。结合这一点，我得说，朱学勤先生恐也难脱干系。当然，我更想听到朱学勤先生的解释。

当很多人都在问"下一个会是谁"时，下一个问题就真的迫在眉睫了，即：我们是否还有干净的学者？当貌似"学界领袖"的汪晖和朱学勤先生都难逃究诘，我们还能相信谁？

与我在网上讨论的网友，有人已经提出了警告，网友蝈蝈不无悲怆地表示：“汪晖事件不是不可以查，但以那样的心态、那样的方式、那样的标准去查，结果就是现在这样。但现在这样也还只是一个开头。查汪晖的那种标准，并不只是朱学勤碰巧也适用。朱学勤也有弟子以及一大群拥趸，他们也可以按同样的标准再去查别人，而且一定能查得到。要不了多久，一场中国学术界的相互揭发、相互揭短、相互批判的群众运动就会兴起。”

是呀，当今互联网搜索技术如此发达，那些在前互联网时代仗着资料的稀罕而忍不住过度借鉴并坚信不会败露的学者，在突然出现的新式武器面前，很可能大面积遭遇报应。如果说以往的类似揭露主要仰仗博学人士出手或某种巧合，现如今，一个谙熟互联网搜索技巧的大学生，有针对性地输入几个关键词就能让某位师长露馅。人们不禁会想：学界是否会出现一次可怕的整风运动？我们原本外强中干的学界，会否因再遭一劫而愈加气若游丝？

难说。

不过，这一点也不可怕。问题的揭示，永远好过问题的掩盖，至少对学术界是这样。只要争议止于学术范畴，只要我们看不到一种政治阳谋的危险（老实说，我就没有看到），那么，将此类揭发检举与数十年前出现过的可怕群众运动进行挂靠，就属过度联想。学术纷争不同于社会性群体事件，无论理论上还是经验上，我们都不必急吼吼地端出“维稳”思路。在学术纷争面前强调大局和稳定，那是把学术问题世俗化和庸俗化。如果中国学界确实存在某种沉疴，那么，它唯一的转机，也只能出现在我们试图揭示它之时；若揭示和面对的勇气都不具备，我们就只能眼睁睁地看着它堕入深渊。反过来，学界是否具有自我纠正的能力，也必始于自我揭示。对于膏肓之疾，如果不想任其死去，猛药就是对症之药。

学术传承自具一派传统，它依赖于薪火相传；同时，它也受制于“生年不满百”的自然限制。大致上，毁坏一代学者，可能连累三代后学；假如三代学人接连仆倒，我纵然不想使用“万劫不复”一词，可除了这个词，暂时我还找不到合适的同义词。从这个角度说，任何对学术不端行为的批评，任何志在廓清迷障、激浊扬清、重树学术标准及尊严的行为，都值得肯定，而任何貌似息事宁人的行为，结果都可能极为有害。

另外，我不得不提及一个残忍真相。学术发展往往取决于天才，普通学者的作用是有限的。以为保护二流学者的体面就是保护学术本身，实属错觉。相反，脱去一位僭取学术高名的学者的虚假外衣，才是对学术的诚实捍卫。学术荣誉只有依靠学术本身才能得到维持，舍此均属外道。只有当一位学者的声誉与其实际成就相符时，捍卫其声誉才是分内之事，若否，我们过多地顾及一位可疑学者的虚幻声誉，中国学术的颜面又将何存，其他敬业本分、学有专长的学者尊严，又如何得到保护？一位澳大利亚法官曾经说过类似意见：法律只保障一个人应得的荣誉。那些本来就不该属于他的荣誉，任其剥落才符合学术天道呢。

面对学界的种种不端，只要批评者坚持用学术的方式质疑问难，我们就不必担心什么。即使出现最不利的后果，也是它该受的。换句话说，只有那些尝试用非学术方式进行介入的东西，才值得我们警惕。所谓非学术方式，既包括不堪回首的政治运动，也同样包括息事宁人的“和事佬”做派。两者性质上虽然不可同日而语，但在“非学术”这一点上并无二致。如果我们一边渴盼“百家争鸣”，一边却连一点质疑揭露都受不了，我们恐怕只能进入“叶公好龙”的语境了。

有鉴于此，担心学界大乱，同样是一种“非学术”顾虑，且不说还有股乡愿气。

2010 年 7 月 11 日

# 沉默权的边界

针对汪晖先生被揭抄袭后迟迟不愿公开表明态度一事，易中天先生在博文《汪晖只是“不够漂亮”，我愿说声抱歉先》里，提出了一个问题。他说：

我们要问，在事涉“诈捐”“造假”“抄袭”等公共事件时，当事人到底有没有权利“保持沉默”？如果有，这种权利是有限的，还是无限的？如果是有限的，那么，哪些问题可以沉默，哪些不行？如果是无限的，媒体的监督权和公众的知情权，又如何得到保证？如果作为公民，任何人都没有权利让他们出来“认话”，那么请问谁有呢？好像又总得有吧？

虽然汪晖先生数日前金口已开，易中天的询问依然值得重视。假如听任这个提问随着汪晖的无趣答复一并作古，倒是一种损失。是故，我且拾起话头。

中国传统文化一向缺乏“权利”意识，仅仅二十年前，中国学者里“权利”“权力”不分者，尚大有人在；今日虽有改观，但进展有限。说及权利，仍有不少国人陷入非东即西的两极迷障，要么无视权利，要么走向另一极端，不由分说地把一切扯得上私权利的东西神圣化。

其实，私权利的神圣性，带有修辞意味，仅限于警告公权力，勒令其不得介入。对公权力来说，它必须把一切“法无明令禁止”的私人行为（哪怕是夫妻在家里看毛片），视为不可侵犯的神圣雷池，不得逾越一步。但回到私权利本身，夫妻在家看毛片，有何神圣可言？法律只是不可干涉而已，在“不可干涉”与“神圣”之间，尚有几千万里的太虚空间呢。可见，这里的“神圣”，指向非一，不可作囫囵观。

我们都听说过美国的一条“米兰达法则”（Miranda rights），美国最高法院首席大法官厄尔·沃伦曾表述如下：“毫无疑问，必须告知个人：他有权保持沉默，但任何他说过的话都可以作为对他不利的证据；他有权让律师在场，如果请不起律师，可以由法庭指定。”“米兰达法则”实际上呼应并落实了美国宪法第五修正案的规则，即任何人“不得在刑事案件中被迫自证其罪”。我当然无比认同“米兰达法则”，但我同时也想强调一个区别：“米兰达法则”及美国“宪法第五修正案”，仅仅适用于刑事犯罪场合。在与此无关的领域，它不构成对“沉默权”的保障。只有当犯罪嫌疑人可能面临司法陷害时，强调并捍卫他的“沉默权”才是必要且正当的，而在其他领域浪言“沉默权”，说好听点也是一种胶柱鼓瑟。你能想象一名政府官员，他拒绝履行自己职责要求的行政述职，同时把理由归结为“我享有沉默权”？

回到汪晖身上，那些要求他出面说明的人，既不是发起一场司法指控，本身也不代表公权力。学者通过媒体质疑驳难，由于并不存在公权力干涉（媒体不是公权力），这当儿，强调某一方的沉默权，轻则显得无知，重则还会显出粗暴和阴险来，因为言下之意好像是：批评者正在践踏他人权利。且不说学术发展原本含有鼓励争鸣、倡导批评的内在趋力，激浊扬清、惩恶罚劣历来就是捍卫学术尊严的正当需求。

具体到汪晖的例子，尚须上溯一层：当一种权利（比如沉默权）同时关联着职责，权利就不应优先得到声张。理由是，职责位居沉默权的上游，只要对沉默权的强调有可能导致责任的怠疏，声张沉默权与逃避责任，就会生成令人不安的因果。比如，汪晖先生除了一些江湖诨号性质的可疑声誉外（如“新左领袖”），还是清华大学的教授，更是某种国家级学术津贴的领取者，之前还长期担任《读书》杂志的执行主编。此外，由于他被揭抄袭的著作之一还是博士论文，因而除了牵连相关出版社的名誉，还势所必至地缠结着当年评审专家的学术声誉。就是说，在明知汪晖先生身负多种社会和学术身份之后，仍然主张汪晖作为个体的沉默权，客观上就等于纵容其对于他人声誉的玩忽权和损害权。易先生提及的“诈捐”“造假”等公共事件，也是如此，事发者由于牵连甚广，涉及的责任也较为庞大，同样无权装聋作哑。

在法律原则上，每个公民都具有平等权利，但结合社会人的特征，权利就是一个变项。个人可以享受的权利，随他拥有的社会地位和职责而有高下之别。世人惯道“风能进，雨能进，国王不能进”，盖因这句短语道破了公权力不能干涉私权利的本质，但民主国家的政府机构却无权如法炮制地声称“风能进，雨能进，公民不能进”。同理，让一个拥有相当社会职责和学术声望的人，与一个“日出而作，日入而息，凿井而饮，耕田而食”的老农共享相同的“沉默权”，类似让一个频频成为封面人物的明星拥有与寻常百姓相同的隐私权，其思维方式只能说是史前的。

再换个角度，假如本人被揭抄袭，效法金人三缄其口，他人或许拿我没辙。毕竟，小可一介白身，既不配指导研究生，亦不曾拿过政府津贴，所思所言，更不会牵连一所著名学府的声誉，故无论长脸丢脸，都不妨到我为止，批评者“恶恶止其身”，可矣。老话所谓“无官一身轻”，对应的正是“有职一身重”。

从汪晖先生雷霆万钧的表白语“我从不拒绝真正的学术批评”里，我至少可以看出，他同样不认为自己有权保持沉默。这很好，小文要说的也无非如此。至于他的反驳是否成立，就是另话了。我当然记得，余秋雨先生在大量学术硬伤被人拿获之后，说过与汪晖如出一辙的话，单单比较豪气，两人不相上下，比翼颉颃。可惜，“致仕”不是“做官”，却是一个无可更改的事实。

我在王彬彬等人文章里读到的大量证据，白纸黑字，斑斑俱在，同样不会随着汪晖先生冲天一吼而不复存在。

依我小见，低水准的抄袭，最不易引发无端攻击，揭露一旦发生，两虎必有一伤。在这个领域，读者的眼睛倒是个个雪亮无比的，无中生不出有，老母鸡更是变不成鸭子。谓予不信，去揭露钱锺书先生试试。论引用之繁，钱先生迥出众人之上，成书年代还都在上世纪八十年代之前，又何曾授人以柄？这也附带说明，对于身具学术尊严的人来说，摆脱抄袭，从来不是什么难事；再差劲的学术规范，也不会沦为抄袭者的借口。人们之所以寄望相关学术机构出面，只是出于捍卫学界尊严，并非他们缺乏辨别能力，期盼学术界大佬惠予指点。

将简单的事实判断捣鼓出“百家争鸣”的宏大阵势来，也许是喜剧，兴许是闹剧，八成是悲剧，永远不会成为正剧。

2010 年 8 月 5 日

# 尘埃并未落定

## ——从朱学勤抄袭案说起

规模稍逊于汪晖、但同样算得上沸沸扬扬的朱学勤抄袭案，随着复旦大学学术规范委员会日前给出的鉴定报告，我们终于等到了一个权威结论。

面对抄袭指控，朱学勤先生在程序层面做出的后续反应，堪称完美：第一时间致函复旦大学学术规范委员会，要求“启动调查机制，辨明是非，还我清白”；申请获得受理、调查启动一个月后，又向该委员会提交一份九千字陈词，除作出进一步辩解性陈述，还主动提供相关知情人；为避嫌计，调查期间又主动回避相关学术委员会的一应活动；与此同时，朱学勤先生还三缄其口，拒绝介入媒体争议，静候学术委员会的裁断。这一连串动作，手法老到，次序周详，其中展示出的程序步骤，甚至让我获得了某种审美观赏性。仅就程序规范而论，我个人愿意为朱学勤先生和复旦大学打九分。那扣掉的一分，不过因为复旦大学公布结论的时间，比原计划推迟了两个月而已。考虑到学术争议不是献礼工程，慎重优先，无需争分夺秒，故这份“推迟”亦有值得尊重之处，扣一分足矣。

假如此事仅仅牵连到复旦大学和朱学勤先生本人，“对其剽窃抄袭的指控不能成立”的结论，堪称皆大欢喜：复旦大学捍卫了自己的学术声誉，朱学勤先生保住了自己的学术名声。假如围绕朱学勤涉嫌抄袭的争议就此打住，我甚至愿意用欢呼的姿态，迎接朱学勤先生的名誉凯旋，同时将复旦大学学术规范委员会的做法，视为一大范例。

诚然，在欧美国家，由学校相关学术委员会对自己被控抄袭的教授作出评价和处理意见，早已司空见惯，但在我们这里，它是如此稀罕，以至乍闻之下都有点感动了。之前的汪晖抄袭案，虽然媒体热议不断，但当事者——汪晖先生及其供职的清华大学——体现出的态度，确乎让人心寒。他们展现了什么呢？坚定不移的冷漠，没头没脑的傲慢，罔顾事实的否定，依然故我的逍遥，无所顾忌的不作为，哦，外加虚张声势的恫吓——撰文揭露者王彬彬先生竟然收到了汪晖聘请的律师发出的律师函，该律师函不仅对王彬彬先生作出违反法律精神的威胁，还丧失法律依据地警告王彬彬不得把函件内容对外披露。如此种种，致使一桩原属个案的学术打假行为，无端放大，其张开的黑翼堪堪罩住了整个学界。当此之时，复旦大学提供的鉴定报告，不啻云开日出，让人重获信心。

以上所言，皆是好话。好话说完后，我们还有理由考察其另一面。假如朱学勤抄袭案的鉴定结论并未获得实质认同，透过华丽程序的外衣，人们还看到一种借助学术机构的权威性以阴行庇护的居心，则上述好话统统作废，我们的忧虑还会加重一层。设想一下，清华大学如法炮制，也弄出一个鉴定报告，结论也同样是轻描淡写的“对其剽窃抄袭的指控不能成立”，难道汪晖先生那些早已铁板钉钉的抄袭事实（至少在我眼里是这样），就会随之蒸发？

人们注重并信赖程序的唯一理由，是相信它会给我们带来实质正义。倘若有板有眼的程序竟是一种精心策划的图谋，以求掩饰或遮盖什么，一桩闪烁出学术辉光的行为，也会瞬间露出江湖底色。我不是说复旦大学学术规范委员会的鉴定报告已经露此端倪，但我确实想说，只要在实质层面经不起辩驳，事情就会走向反面。

出于个人原因，我不曾探究过朱学勤抄袭案的事实部分，理由约有四端：一、朱学勤抄袭案像是汪晖抄袭案的衍生物，如果揭露者意存某种调虎离山的计谋，出于自尊，我也会拒绝探究。二、该案所涉事实部分，包含我无力比较的内容（比如核对一本未曾在中国出版过的法文著作）。三、当时我正好出门在外，置身雪域高原，缺乏追踪真相的主客观条件。四、我没有读过《道德理想国的覆灭》，但读过朱学勤大量文章，从中获得的教益和好感，使我倾向于无视这一指控。

但是，只要朱学勤的抄袭依然部分存在，上述理由全都站不住脚。抄袭是个事实判断，它理应脱离动机、派别而存在。哪怕揭露者意在通过把朱学勤拉下水的方式来曲线救助汪晖，一旦朱学勤无法自证清白，这份动机就不必介意；甚至，揭露者是否使用真名实姓，也不像朱学勤先生声称的那样重要。根据我最近几天的阅读分析，从网友 Isaiah 的揭露文章和方舟子最近在新浪博客上提供的文本对照来看，我不认为朱学勤先生获得了"清白"，他的洗冤之路，八成还刚刚开始，他的学术之"肺"，尚未可轻言健康。

尘埃并未落定，由朱学勤和复旦大学学术规范委员会展示的这场程序秀，最终会定性为范例还是恶例，我们还得走着瞧。另外，人们期待相关学术机构作出调查结论，并非他们在事实研判上智力不足，渴望该机构里的优秀大脑施诸援手，而是冀望于从中看到一份学术诚信，以便确认中国学术的基石仍在，对此，相关机构最好别会错了意。我们还知道，相关学术机构袒护本校教授，即使在学术昌明的美国，也远远不是个案，美国人理查德·波斯纳在《论剽窃》一书中罗列过大量事实，足以让我们预表不安。

2011 年 1 月 18 日

# 抄袭与学术规范

抄袭往往被轻描为注解问题，注解问题每每又被淡写成规范问题，如此一来二去，“不合规范”就成为抄袭的现成借口了。只要一口咬定“不合规范”，再让人咋舌的抄袭，都有望逃脱指责。

有一种智力叫装傻充愣，以上便是。我们知道，抄袭涉及一切文字体裁，学术规范只与学术著作有关。大量对学术规范不提要求的文体（如小说、随笔、戏剧），仍然会带来抄袭问题，这足以说明：学术规范与抄袭，没有天然的联系。规范不过是一种形式（格式）要求，抄袭则取决于作者的异样心思。规范好比工具，工具是中性的，如果你诚实的话，它不会让你变得虚伪；如果你心怀鬼胎，它也不会帮助你暗度陈仓。

换个角度看，文章为什么会有署名权呢？一篇文章署上阁下大名，唯一理由是：这篇文章来自阁下的独立写作。那么，假如大作中窜入他人句子和段落，阁下却未予明示，依旧在这篇文章上单独署上自己的大名，那就相当于把别人的产品摆上自己的货架。如果微软公司把苹果的产品贴上自己的 LOGO 出售，等待它的一定是巨额赔偿，而非“不符商业规范”。作者的抄袭也是如此，你不能既署上自己的大名，又在其中混杂他人成果。在这个过程中，我们看到的根本不是规范，而是一颗剽窃之心。

何况，貌似严格遵循学术规范的引用，也不见得彰显作者的诚实。有些家伙在文章里添加大量注解，不过是混充渊博罢了。根据他的论述目标和论证过程，其中大量引用也许是重复的、多余的，有些甚至纯属节外生枝和画蛇添足。他这么干，在学术规范上固然无懈可击，但我们无法认为他具有可靠的学术诚实。另外有些家伙，为引文 A 增加规范的注解，只是一种转移视线，便于他对引文 B 装聋作哑。或者，给引文 A 提供来源甲的注解，正是为了回避引文 A 出自来源乙的事实，表面上无可挑剔的引用格式，正好服务于一种调包计。可见，如果心怀异样，表面文章做得越到位，不过愈加反映了作者剽窃手法的老辣和奸猾。在这种情形下，对学术规范的选择性遵循，恰恰在工具层面充当了抄袭的帮凶。这也再次说明，个别论者竭力把抄袭问题往学术规范上靠，心思是多么拧巴。

对于心思拧巴之徒，学术规范无助于他们重归坦荡；对心怀坦荡者，哪怕视学术规范为粪土，照样脱尽抄袭之嫌。说来残酷，在引用格式上亦步亦趋地遵循学术规范，往往是学界小人物的做派，真正的大师常常不屑于此。另外，那些对自己的表达风格有独特追求和自信的学者，也会故意打破呆板的引用规范。约翰·罗尔斯的名著《正义论》，堪称 20 世纪非凡的思想经典，其学术和思辨含量世所公认，但我们一路读下去，发现作者经常无视引用规范。仅从学术规范上说，国内三流刊物上发表的蹩脚论文，都可能比《正义论》更胜一筹。但是，引用不规范并不会直接导致抄袭，在罗尔斯的著作中，我们不时看到这样一些注解："对这一直觉的概括，我得益于阿兰·吉巴德。""这一定义遵循了西季维克的……建议。""对贵族制理想的概括来自桑塔耶那的解释。"等。这类注解方式，若参照美国《芝加哥手册》（一本详细介绍引用规范的经典工具书）提供的学术标准，可以说是不合格的，但谁能怀疑罗尔斯的诚实呢？

在随笔中，我们可以看到更典型的例子。随笔家不同于学者，他们不受学术规范的约束，不仅如此，他们还性喜与学术套路拉开距离。很多随笔家都是引用大师，论学识之广博，他们多半还在泛泛教授之上，但他们从来不会在文末提供一摞脚注。对随笔体来说，文末弄上一摞脚注，那不叫严谨，而叫不伦不类、不三不四。随笔拥有一种天赋文权，可以视学术规范为草芥，但这绝非意味着随笔家较之学者拥有更多的剽窃便利，更不等于说，随笔家一旦被揭抄袭，丢脸程度会有所减轻。这个事实仅仅告诉我们：抄袭无关学术规范。抄袭源自一颗愚蠢的野心，它无权要求中性的规范为自己背书。

2011年2月16日

# 读书三题

## 一、书之味

曾经，一些政协委员联名倡议建立“国家阅读日”，倡议者还以犹太人热爱读书为例，说明“建立国家阅读日”的重要性。犹太人对知识的热爱，有口皆碑，犹太人对人类文明的贡献，举足轻重。但倡议者的举例有点文不对题，因为，犹太人热爱读书，可不是拜“国家阅读日”所赐，据我所知，在以色列并不存在一个“国家阅读日”，他们之热爱阅读，也不依仗行政举措。他们靠什么呢？

被称为“犹太智慧羊皮卷”的经典《塔木德》里，有这样一段话：

犹太小孩第一次上课，要穿上最好的衣服，由拉比或有学问的人带到教室。在那里，他会得到一块干净的石板，石板上有用蜂蜜写就的希伯来字母和简单的《圣经》文句。孩子一边诵读字母的名称，一边舔掉石板上的蜂蜜，随后，还要请他吃蜜糕、苹果和核桃。此举的目的是告诉孩子，知识是甜蜜的。

与中国文化相对照，这一滴蜂蜜，百金不换，价值连城。与犹太人相比，我们的读书传统充满了斑斑血泪。

想想看，我们可曾有过“甜蜜知识”的传统？我是说传统，与学者在浩如烟海的古籍里摘出片言只语来证明“古已有之”不是一回事。这类传统，必须在民间认知上获得广泛认同，才能作数。我的答案是没有。我们关于读书的文化联想，大抵具有悲凉气氛，诸如“十年寒窗无人问”之类喟叹，再加上囊萤映雪、凿壁偷光、悬梁刺股之类造型动作，把吾族吾民的读书氛围，弄得地狱般阴恻。我们虽然也会说什么“书中自有颜如玉、黄金屋和千钟粟”，但所指根本不是“书中”，而是“书外”，即，只有当你“一举成名天下知”之后，这些东西才会纷至而沓来。至于读书本身，则是漫漫苦旅，一种借以获得“颜如玉”“黄金屋”和“千钟粟”的修行手段。

中国父母都会鞭策孩子读书，但他们自身却并不热爱读书。他们为什么不爱，理由很简单：中国式的鼓励读书，说法林林总总，但恰恰缺少一股甜味，一份爱意。“哲学”在古希腊语里意即“爱智慧”，有了“爱”这个出发点，读书除了启智化愚，还能起到消磨长夜、抚慰心灵、温暖生命的作用。而我们的读书，总体上属于敲门砖，功夫下在书内，目标遥指书外。人们对读书抱有太大的功利心，那句“吃得苦中苦，方为人上人”

的邪恶格言，预先决定了我们只会视读书为苦行，为投资。这份功利心是如此强烈，它不仅加剧了人们对书籍的恐惧，也使“爱”这个字永无出头之日。有道是“世界上没有无缘无故的爱”，当我们素来不曾把书籍视为蜂蜜，再要培养出知识之爱，就难免缘木求鱼了。看到孩子们背着过于沉重的书包上学堂，我总是绝望地想：这个书包每增加一斤，孩子日后对书籍的仇恨，就会增加一吨。要培养一个民族对知识的厌恶，再没有一个办法比让孩子视读书为苦行更为有效了。在我看来，这简直是在“从娃娃抓起，培养对知识的憎恨”。该憎恨一旦成型，他就可能永远躲避知识，正如犹太人对“甜蜜知识”的认知一旦成型，他就会一直葆有对知识的热爱。

从这个角度看，说我们是世界上最愚蠢的民族，也不过分。

## 二、书之价

我们经常听到的一种声音，就是抱怨书籍太贵。与之相对，我们似乎不太听到人们抱怨球票、音乐票和 CD 唱片太贵的，尽管与书籍相比，它们实在要贵得多。一张白白赠送我也未必领情的歌星演唱会票子，票价动辄数百上千，如果换算成平均二十五元一本的书籍，够买一大摞了；一张正版名牌 CD 唱片，往往也够买一套大作家的作品全集了。

一种商品的价格，可从两方面来认识，其一来自市场，其二来自我们的自我定位。市场是我们无法控制的，其价格只是市场规律的体现，而不可能是我们自我定位的折射。我们的自我定位既可能远远高于市场价格，也可能远远低于市场价格。比如，虽然我会始终期盼着电脑价格持续下降，但平心而论，以一台电脑具有的功能而论，目前四五千元的价格并不算贵。以我为例，我对电脑的需求远远超过对一辆汽车，假设两者价格相当，我肯定会购买电脑。所以，看到电脑价格只是一辆汽车的二十分之一甚至更小，我必须心存感谢。再如，我对鸡蛋的评价远远高于绝大多数山珍海味，倘若依我的评价来定价，鸡蛋的价格应该是鲍鱼的十倍，才更加合理一些。看到鲍鱼的价格反而是鸡蛋的十倍有余，我理应感到庆幸，并叩谢上苍的好生之德。所谓“上苍的好生之德”，我指的是，大量对我们至关重要甚至须臾不可或离的商品，如电脑和鸡蛋，价格并不太贵，而大量贵得离谱的东西，倒是我们未必十分需要的。试想，假如把音乐会票价与书籍的定价颠倒一下，前者只要区区二十元而后者却动辄数百上千元，我大概要爆粗口了。

我虽然也会一如既往地期待书价便宜些，再便宜些，就像我期待电脑继续降价一样，但我同时知道，以书籍或电脑给予我们的恩惠而言，目前的定价不应成为我拒绝购买的理由。我们还知道，中国的书籍定价，与欧美国家或港台地区相比，还相当便宜，大概只有人家的五分之一或更少。假如你内心对书籍的重要性及不可或缺性稍有认识，就决不至于认为，拒绝买书是一种正当行为。在我听到的抱怨中，总是暗含着如下潜台词：书籍配不上它标注的价格。这个潜台词是错误的，书价之所以不贵，实在应从上苍好生之德的角度去理解并感恩，只有站在这个角度，我们才可以一边视书籍为无价之宝，一边呼吁书价便宜些，再便宜些。

## 三、书之趣

关于阅读，坊间另一种常见的呼吁，是希望书籍写得好看些，轻松些。一些人甚至表示，我们的阅读已经进入了“读图时代”和“轻阅读”时代。

这个呼吁里的有益因素，只有预先框定范围，方能免予质疑。比如，针对故弄玄虚的书，文理不通却佯装深刻的书，面向孩子却故作艰深的书，该呼吁不失为一个忠告。一旦范围阙如，却只管汗漫无边地呼吁“好看”和“轻松”，就让人不知从何说起了。

大致上讲，任何一种暗含着降低人类精神标高和文化追求的呼吁，都不应得到鼓励。读书界关于“好看”和“轻松”的呼吁，依我看就属于此类聒噪。当我们强调“好看”时，那些面目狰狞、味同嚼蜡的低劣读物固然遭到了声讨，但由于矛头不明确，目标没有锁定，一部分代表人类更高精神追求的读物，也可能随之遭殃。

世界上存在着既好看又深刻的书籍（公正地说，不多），但也有大量堪称伟大的经典，根本不以“好看”作为追求，它们无意兼具按摩椅和桑拿浴的功能，以便让你在阅读过程中体验“轻松”；相反，为了让你学有所得，它们要求读者的，乃是精神集中、眉头锁紧、全力以赴地与作者进行高层次的对话。只有当你不再把它当成消遣之物，该作品的精髓才可能为你所领略和把握。一旦你以消遣态度相待，那份精髓也将随之鸡飞蛋打。如我在一篇小文里所说，将“好看”和“轻松”视为阅读的目标，乃是将娱乐界的标准误认为知识的标准，如此行事，“虽然不如把动物园的标准强行纳入小区物业管理那么危险，荒唐程度却是半斤八两”。

放肆地呼吁“好看”和“轻松”，与之前提及的缺乏对“甜蜜知识”的爱如出一辙。这份呼吁的背后，不仅包含着对知识本身的蔑视，说狠点，也暗含着对读者的轻视，因为那仿佛在说：我们的读者都是视阅读为消遣的市井闲人，他们平庸的趣味忍受不了知识的庄重，他们必须像孩子那样被一层“好看”和“轻松”的糖衣诱惑着，才会想到阅读。否则，他们就不会阅读。

其实，“好看”和“轻松”云云，只是一些书商的幌子，为了使自家出版的书能够取得好的销售业绩，他们并不在乎涂窜知识的本义。书商这么干，属于“在商言商”，无可厚非，旁人跟在一边起哄，就糊涂得紧了。因为，虽然人人都有追求娱乐和轻松的权利，但知识本身也有拒绝娱乐、拒绝轻松的特质，一味强调“好看”和“轻松”，实质是冒犯了知识的庄严，令我们在知识的殿堂里找不到北。

我们缺少这样的认知：读书不是苦行，而是享乐；整天读书，是一桩不亚于耽溺声色的赏心乐事。类似“敬惜字纸”这样的古训，在造纸业、印刷业不够发达的古代尚不失合理性，但今天还是让它见鬼去吧。视书籍为神明纯属多此一举的恭顺，远不如视书籍为娱乐和消遣来得实在。用焚香沐浴、正襟危坐的态度对待书籍，只会造成对书籍敬而远之的后果。就我而言，读书就是娱乐，它和搓麻将、看球赛、蒸桑拿、访名山，同属人生享受。说得更明确些，读书也是一种纵欲。

2008 年 4 月 15 日

# 时尚女人的轻与重

中国男人的千年苦眼，终于熬到了尽头。

偷窥的时代一去不复返了，“有位佳人，在水一方”的苦恋也已沦为侏罗纪时代的爱情，“长在深宫人未识”的佳人，不仅理论上被排除，现实中也难以存在了。在露脐装风行的今天，昔日裹住新嫁娘的红盖头，早已难觅影踪。也许用“寻物启事”的方式还能在全国找出几块，它们想必无一例外地压在个别怀旧老太的樟木箱底。

今天，漂亮女人就像空气充满世界，不，比空气充得更满。空气虽然我们一刻离不开，但我们并不总能感觉到它，我们更愿意对它熟视无睹。漂亮女人呢？虽然作为俗世中的男人，我们同样离不开她们，但应该还没到“不可须臾或离”的程度。而当前的严峻形势是，她们一刻不停地在世人眼前晃荡，哪怕看一场男人间的重量级拳王争霸赛，回合之间都会有一个性感宝贝举着数字牌走上一回，步态还格外婀娜格外撩人，让你无法指责她多此一举，无法学着一部电影的名字对她吼上一声：“打架，让女人走开！”外资企业办公室里的风情指数早已居高不下，大街上的漂亮女人更是风起云涌，一浪高过一浪，一波狠过一波。借助现代传媒业的推动，今天的封面女郎还能以几何级数的方式复制自己的形象，以便对男人的眼球实施全面占领。简而言之，女人作为一种美丽动物，现已构成一种强制存在。当然，对于如我这等女性美的无条件欣赏者，自然也意味着撞上了天底下最大的美事，我为自己的眼球已无所逃于美女之间而感到万分庆幸，同时觉得古人过的根本不是日子。

大街上时尚女人如莲花万朵，女性美再也不是奢侈品。这是多么巨大的社会进步！

随着“士为知己者死”成为陈年老套，“女为悦己者容”也迅速沦为历史遗迹。现在的都市爱美女性，即使去菜场买一把小葱，出门前也会先在镜子前照上十分钟，再顾盼八九个来回。在不少时尚女子看来，不事打扮地出门，可耻程度不下于偷窃，也许还更坏。为自己的丈夫或情郎美容？不，她们更愿意让自己的美丽成为太阳，一出门就普照世界。

今天，谈论女人也就是谈论美，女人的美丽性别地位，业已雷打不动。那么，作为一名女性美的不知魇足的欣赏者和颂赞者（也就是一个经常被统计在“回头率”里的小看客），我也想谈谈自己的观感，甚至——如果允许的话——斗胆谈谈目前时尚界的女性美是否还有可以改进之处。

咱们试着从大处着眼吧。我觉得“爱美之心，人皆有之”这句话固然正确，但也不应被乱用，因为具体到“爱美之法”，男女大有区别。相对而言，男人更愿意睁着一双发现美的眼睛，而不是让自己的身体成为他人的观赏对象，再根据他人对自己容貌的欣赏程度，上浮或下调幸福感觉。时髦女性呢？我发现她们好像不需要与美丽保持距离，她们恨不得消除这个距离，以便自己与美丽融为一体，最终成为美丽的代言人、发布者，有条件的话就成为美丽的垄断者。当然，垄断谈何容易，通常这方面的垄断总是在小范围内进行的，比如在一间办公室或一个部门里。

不必说，这种倾向现在越来越显出不可收拾的特征。该特征要说有啥可商榷的，无非就是违反了那句老掉牙的格言：距离生成美。

美丽，依我愚见，就像上帝，属于神圣之物。面对如此神圣的事物，怎么说也该有点谦卑之念，而不是一味挺胸高脚，昂脖耸臀，步态里一副天下美丽尽归本女子的得色。美丽可以给人带来自信，但该自信不应予人趾高气扬之感。有些时髦女人之所以偶尔让人不快，就在于她美得过于露骨、张狂和霸道，她试图达到与美丽合二为一的神奇境界。说实话，这种境界原属非分之想，而在追求该种境界的过程中，爱美女性反而可能因“外练而内不修”的缘故付出惨重代价，风情指数固然扶摇直上，风韵指数却一屁股扎在了地上。其中最差劲的情况是，外貌招摇，气质大恶，一面给人目不斜视、风情万种的感觉，一面却在用眼角偷偷统计回头率，这当然非常煞风景。——与之对应，作为权势动物的男人，最可厌者莫过于那种一心想着成为大宗师大掌门人大独裁者的权力老饕。自以为美丽代言人的女子，与自以为真理代言人的男人一样，都因贪婪而显出了愚蠢。当然，这类女人一般不会对别人构成危害，顶多骚扰一下眼球，这类男人就可怕多了。

女人对美的占有欲，现在看来已超过历史上男人对女人的占有欲。

美丽是一种巨大诱惑，由于美丽太容易得到赞美，人们的审美习惯又太容易把各种优秀品质胡乱归在漂亮女人身上，在男人的想象里，一个漂亮女人常常成为完美化身，以至女人一不留神，就可能将外表上的美丽视为一切，而对其中的假象或表象视而不见。一个不容置疑的事实是，今天市面上的漂亮女人固然越来越多，但要说美得格外有内涵有气质有风韵的女人，倒未见得同步增长。以好莱坞为例，据我所知，怀念上世纪三、四十年代那一批好莱坞女明星者，不在少数。

现在中国的情况是（以笔者生活的上海为例），一方面大量女人还很不时髦，如果蛾眉不扫倒也罢了，偏还要穿着睡衣逛超市上步行街；另一方面不少女人又时髦得过于露骨和霸道，而时髦得恰到好处者，亦即时髦又不为时髦所累的，美丽又不限于容貌可人的，则为数寥寥。

女性美，至少在人类的眼里看来，实在算得上至美之物。地位既是如此崇高，再现的方式也就不该是廉价的，不该被误以为只要用了足够名贵的化妆品，使用了最新的外科抽脂手术（据我所知，够疼的），就能信手拈来。美丽应该有一种引导上升的内趋力，而不是在于一招一式。时髦固然是一件花钱的事，但真正的女性美，又绝对需要一种凌驾于铜钱之上的气质，需要让人意识到高贵的存在。这一点，我发现目前做得很不够，内人购有全套 ELLE 杂志，我基本上都粗粗翻过，自以为还有点发言权。时尚杂志习惯于直奔目的，最擅长将某种唇膏颜色夸大到哲学的高度，最擅长赋予某种面料或款式以非凡的气质，结果是，绝对离不开心灵体味、知识涵养的女性美，多多少少地降格为照方抓药。今天时尚界的女性美与其说属于美学，不如说属于人体工程学、平面艺术学、瓜果敷面学。

美丽，当它只是一种美丽的时候，恰恰容易走向反面。这是一个问题，好动的时尚界本身无法解答它，它取决于单个女性自身素质中非时尚的那一部分。美丽不应该以折腾的方式显现出来，不应该显出筋疲力尽声嘶力竭的样子，仿佛整天都在加班加点。以时尚为标准的女性美，天生具有脆弱性和欺骗性，它会怂恿女人为了实现美丽的“最大化原则”铤而走险。

法国作家都德临终时还不忘要嘴皮子，说是此生最大的遗憾（也可理解为下辈子最大的愿望）就是没有多读女性时尚杂志。这句我看不出有多大意思的遗言，好像已成为全世界时尚杂志引用频率最高的话了。这说明，女人对于那些在乎她们美丽的男人，会抱有多大的谢忱呀。

本人不才，却也同样在乎女人的美丽。我还想说，人类中女性对自身美丽历千年而不衰的追求，乃是一个被严重低估的文明成就。因为奇怪的是，没有证据显示，在动物中雌性比雄性更喜欢卖弄美色，我们的感觉甚至相反，动物中总是雄性更喜欢卖弄羽毛或红冠，雌性则更多地显出艰苦朴素的可贵品质，习惯于不吭不咋，素面朝天。考虑到男人对权力的热衷和角逐，本是动物界的常态，并没有显出多少进化能耐，也许我可以不避肉麻地赞一声：女性较之男人，文明程度更高，进化等级更靠前。

2001 年 9 月 25 日

# 韩寒起诉不明智

在韩寒决定起诉方舟子名誉侵权后，很多人纷纷表示支持，并强调这是韩寒的权利，其中包括当事人方舟子。不过，我不在其中。权利，只有当其面临侵犯时，才值得强调，我看不出韩寒的起诉权有可能遭到剥夺，声称权利就是多此一举，正如我不会在刷牙时强调自己的刷牙权。另一个原因是，强调某一特定权利，易让人误解其必要性和正当性，好像那是唯一正大光明的事。实情却非如此。打个比方，你站在十字路口时，下一步无论向东、向南、向西、向北还是站在原地，都是权利，但权利并未告诉你，选择哪个方向才是明智的。韩寒有权起诉与起诉是否明智，不是一码事。我认为，起诉极不明智，尽管那是权利。

在我记忆中，从没有两位公众人物的争议，曾引起如此山呼海啸的震荡。双方都有庞大的支持者、后援团，从量上比较，拥有中国博客第一点击率的韩寒无疑大占上风，方舟子的支持者兴许能在“质”上扳回一成。比如，对韩寒满怀热爱的“粉丝”不计其数，方舟子的支持者则素来不以态度痴迷见长。就国人的情感特征而言，喜欢韩寒无需特殊理由，这份喜爱就像民族情感一样自然，喜欢方舟子则非得有点另类才行。假如韩寒在与方舟子的较量中落败，我大概从空气里也能听到悲切之音；方舟子一旦落败，有人说不定都想买挂鞭炮。这就是现实，当一场原本不乏游戏性质的文人笔战骤然面临司法程序时，我不清楚多少人做好了保持客观和超然心态的准备。你打算以粉丝心态关注成败，还是放弃它，专注司法公正本身？

这注定会是一个与言论自由密切相关的案子，当韩寒起诉时，我们的视线就得随之调整，这当儿，谁输谁赢并不重要，我们期待的是，对自身、对我们这个文明共同体更为重要的若干原则，将会随着一声法槌得到增强，还是受到削弱。如果是前者，无论谁胜谁败，我们都坐享其成；反之，除了法庭上的获胜者，他人都是输家。

关于言论自由，我个人最为认同的一句伟大表述，来自美国杰出的大法官小奥利弗·温得尔·霍姆斯，他说："那些为我们所痛恨的思想，同样自由。"（Freedom for the thought that we Hate.）显然，假如判断言论自由的标准只以自己的愿望、好恶为标准，世上将不存在言论自由。言论自由之可贵，正在于保障那些乍看之下让你反感的东西。你之所好未必我之所好，你之所恶未必社会之毒瘤，而更多、更广的言论空间永远值得我们共同拓展。准乎此，一旦众人为之叫好的理由缘于他喜爱的人获胜（一个自我检验方式是：当事人互换，他们会否由喜转悲），判决结果就可能潜藏不安。毕竟，司法判决不是球队比赛，拉拉队心态是多余和业余的。

任何一桩类似名誉权纠纷，大要不出两端：一方总会强调批评的权利，另一方总会声称对方超越了批评界限，构成诽谤。这没啥奇怪的：站在当事人立场，这只是他们的对抗方式；站在旁观者立场，虽然所有人都厌恶诽谤，法律也不支持诽谤，但方舟子意欲捍卫的权利，与民众的关系更为密切，允许言论自由的权利在某位深受喜爱的公众人物的名誉权面前悄然后退，可能使我们付出愚蠢代价。纯从司法观点看，方舟子的优势，大多与我们意欲强调、捍卫的权利和原则有关；韩寒的优势却较难被发现，有些还被预先卸掉了七八成攻击力。比如，论证方舟子质疑手法拙劣，也许会让旁观者拍手称快，但转眼就得面对一个矛盾：拙劣的质疑是缺乏杀伤力的，缺乏杀伤力的质疑不足以导致对名誉的重大损毁，因而也不值得告上法庭，而韩寒的起诉行为，恰恰又可视为对方舟子巨大杀伤力的恭维。另外，韩寒身为公众人物，公众人物对于诽谤理应具有更多的承受力，不仅是现代司法文明的共识，也为我国的若干司法判例所援用。韩寒只有找到方舟子存在恶意诽谤的事实，才有胜诉可能。但谈何容易，且不说韩寒的反击文章里，本身也未脱尽诽谤之嫌，韩寒不也曾把对方指认为一个“因为发泄私愤，预设立场再有罪推论进行到丧心病狂”的“团伙”吗？此外，由于方舟子的质疑可以被视为对韩寒两千万元悬赏的响应，针对方舟子主观恶意的指控，恐难启齿。不过，截至目前，我还没有看到法院正式受理的权威报道，但愿韩寒放弃了。

最后，说说我为什么不欣赏韩寒的起诉。方舟子针对韩寒的质疑，性质上属于文人笔战。文人笔战自成一片天地，这个天地原比法院来得广阔。笔战是文人的法定战场之一，那还是方舟子和韩寒通常被认为最擅长的领域。将一件远未达到惊动司法视听程度的笔战交付法院，对于批评也是一种损害。一场就算颇为粗野的足球赛，你能想象比赛进行中警察突然把犯规球员带走并宣布中止比赛吗？要说方舟子的质疑已然达到令人发指的恶性程度，没有几个人相信的，相反，在风度和规则领域，很多人的观点正好相反。最重要的是，批评也是一块需要精心培育的生态园，我们鼓励健康、文明的批评，但也不必将尚属“合理冲撞”程度的笔战通过司法介入而强行中止。何况，批评也有容错空间，健康的批评必然包含对若干轻微越轨行为的容忍。致力于还批评一片清澈的天空，初听有理，实际上却可能扼杀批评的生存空间：水至清则无鱼，适度的野性原是批评的题中之议。韩寒的起诉若得到鼓励，我们等于宣布，笔战仅仅进行到这一步，即无以为继。如此，可以设想的后果是，法院门口会人头攒动，笔墨场上则众声寂寂。如果韩寒日后仍打算写那些锋芒毕露并且深受读者喜爱的批评文章，那么，假定你这次赢了，日后你将比任何人都更多地承受这场官司的代价，你的获胜方式是否为你带来不胜其扰的后续官司，我不得而知。因此，我认同何兵教授发表在微博上的一个观点：笔墨官司笔墨打。虽然，不打也可以，也是一种权利，是否明智就难说了。

2012 年 2 月 1 日

# 禁忌的轮回

报载，被称为新中国第一禁片的电影《武训传》，在官方尚未正式宣布解禁之前，其 DVD 版本已在公开渠道销售。

这消息真叫人回不过神来，看来我得和读者一起略略重温原委，方能觑得真切。由导演过《大路》《小玩意》等经典电影的孙瑜自编自导、巨星赵丹主演的《武训传》，1950 年底公开放映，不久即在滔天的批判声浪中，遭到封杀。禁令生效于 1951 年夏天，距今已逾一个甲子。2000 年，“电影 101 工作室”曾在上海虹口图书馆放过一次《武训传》录像带；2005 年，为筹办“赵丹诞辰 90 年回顾展”，经赵丹之女赵青的努力，从中国电影馆资料馆借出的《武训传》拷贝，得以在上海影城短暂放映，媒体将此称为《武训传》“五十多年来重见天日”。后一次放映，一位年逾七旬的大连影迷，特意坐飞机来上海观摩。他显然以为，错过这一村，再无下一店。虽然如此，以中国影迷群体之盛，有幸看过《武训传》的观众，仍如沧海一粟。

给某部艺术品下达禁令，历来是个别权势者的爱好，但历史已经告诉我们，从没有一次禁令经受住了时间考验，并被后人赞许为“英明伟大”。魏文帝曹丕说过一句通透的话：“自古及今，未有不亡之国，亦无不掘之墓也。”将它花样翻新，改成“自古及今，未有不能解禁之作品”，恐怕同样适合。禁令的颁布与禁令的解除，就像一种轮回：作品一旦遭禁，就踏上了漫漫解禁之旅。影响禁作日后复活的因素，大概只有两个：其一，原著被彻底焚毁，假如《武训传》的原始拷贝曾被如数销毁，它就永无出头之日了；其二，它在艺术及学术上完全丧失价值。但后一个因素也有荒谬之处，因为，作品若全无价值，通常也就不值得如临大敌地予以封杀。因此，以时间的眼光看，只要针对一部真正意义上的作品，彻底的禁令并不存在，脱离了权势者摆布的后人，非但从不曾歌颂过一次封杀，他们还会为解除旧有的禁令付出努力。在最好的情况下，人们只愿承认某些禁令有其合乎历史情势之处，但在更多时候，那道当年曾威严无比的禁令，日后只是沦为愚蠢的见证，历史学家从中找到的鉴戒和教训，总是远远多于经验。也许，只有那些诉诸过度色情和暴力作品的禁令，有望得到后人的理解和同情。

即使抱着“同情的理解”态度，《武训传》遭禁之由，仍让人纳罕莫名。义丐武训的故事，国人大多熟知，他是 19 世纪山东境内一位具有独特品行和奇特事迹的民间异人，身为百业之末的乞丐，却胸怀奇志，决心以行乞所得，兴办义学。这个貌似“不可能完成的任务”，他竟然做得成就斐然。任何富有生命力的民族，都理应鼓励特立独行之士，当他的独特行为不仅与人无害，抑且还有益社会时，就更是如此。虽然，武训式人生，不可能、也没必要得到众人仿效，但这无损于武训的光辉，正如人们崇敬关云长，却压根不想步其后尘。结合中国人历来就有的尊师重教传统，加上主创人员当年迫于压力，已把影片主题从歌颂“行乞兴学”的正剧调整为讲述“兴学失败”的悲剧，以期获得某种在政治高压环境中必不可少的自上而下式认可，人们似乎更有理由指望它成为一座中国电影史上的里程碑。然而，悲剧还是发生了。1951 年 5 月 20 日，《人民日报》发表了社论：《应当重视电影〈武训传〉的讨论》。文章指出，《武训传》“承认或者容忍这种歌颂，就是承认或者容忍污蔑农民革命斗争，污蔑中国历史，污蔑中国民族的反动宣传……”曾经，人们把这种鬼见愁的批评语言，称为“高屋建瓴”。

感谢时间。受制于人的自然生命，60 年光阴足以弱化一切。当所有的当事人都已成为故人，所有对该电影及其后续风波尚存朦胧记忆的人都已年登耄耋，谁还会对这部电影的解禁抱有别样感触呢？《武训传》的解禁，其实是自然之手假借“时间”这个核心因素促成的。当我们免不了人云亦云地谈论“时间是最公正的”，往往忽略了一个真相：时间的公正性，正在于时间的没心没肺。时间一往无前，它并不特别在乎任何东西。在亚马逊中国网上，已经不存在版权的《武训传》DVD，折后售价竟然高达64元，而画质远在DVD之上的蓝光碟片，该网站上的折后价仅为55元。我不清楚这说明了什么。经历了60年轮回，天大的沉痛也会变形为轻松的谈资及商家的生财之道，我还是感谢“天道好还”吧。

赵丹的临终遗言是：“管得太具体，文艺没希望。”赵丹私下曾表示，武训是自己塑造得最成功的银幕形象。可以想见，他的遗言里定然包含着对武训的无穷遗憾。一晃，赵丹遗言，距今又逾三十载。

2012年3月25日

# 致韩非

韩非先生：

写信前，我踌躇再三。起初，我为使用何种文体犯过难。我想，为了顺应您的时代性，我是否该采用那种让我勉为其难的古典语言。不过我马上找到了放弃的理由，决定悉采今语，该怎么说就怎么说。一方面固然是便于藏拙，另一方面却也是遵照您的指点，免遭“守株”之讥。您的名言是：“圣人不期脩古，不法常可。”“世异则事异……事异则备变。”用今语来说，您是“与时俱进”的先驱和楷模。既如此，我就不必在尺牍格式、书札礼仪上过于拘泥了。再则，以您之绝顶聪明，辅以冥界的穿越神功，理解这封词浅意直的小札，原非难事。

首先，请允许我对您横遭不测的命运，敬表悼念。我听说，您死于同学李斯递上的一杯毒药。这种与君主意志相关的毒药，会制造一种介乎自杀和他杀之间的死亡，也许，把它理解成最温和的谋杀，更准确些。当然，官方常用语“赐死”，亦已道尽此中真义。人死不可复生，您的人生观里又无天堂、来世之念，我纵想安慰，也无从着手，我只是告诉您，较之您惨遭“肢解”“车裂”的同道先驱吴起和商鞅（在大作中，我注意到您多次道及二位死状），您的结局不算最糟，您的同学、秦之丞相李斯先生日后死得更惨，他被大宦官赵高腰斩于市。此前，在您未曾听说的万里之外，有位伟大的哲人，同样死于一杯毒酒，他叫苏格拉底。当然，这对您也算不上安慰。恕我直言，以您之卓绝才智，您原本有望接近他曾达到的高度，但您最终错过了，导致你俩的唯一共同点，只剩下那点杯中物了。这话且搁下，容后再表。

虽然我可以方便地读到您的著作，但由于其中欠缺身世遭际方面的描述（感喟性文字，倒相当丰富），对您的生平，我只能借助司马迁的描述，以及《战国策》里那点语焉不详的文字。和您一样，后您百余年的司马迁也是千年一遇的天才，他的专长是史学；您未能读到他的杰作《史记》，真是憾事。您大概想知道他是如何为您立传的吧？文字不多，但信息量极大，包孕无穷。这也是司马迁文字的主要特色。对于您的特征，他只提及了一个生理缺陷：口吃。您不必介意，作者提及此事，并非出于寻常史家揭人隐私的爱好，而是将此视为您悲剧人生的一大重要关节。至于他闲闲落笔地提及李斯曾“自以为不如非”一事，是否暗示了那杯毒药缘于秦相的嫉妒，我未敢断言。若能起您于地下，您当另有话说。在大作中，嫉妒也是您有所留意的心理现象。

据司马迁相告，您并不像芸芸时贤那样，有着足可夸耀的事功。您贵为韩国公子，曾屡屡向韩王献计上策，惜乎无一计获采。借助您的杰作《说难》《孤愤》，您向时人和后人传达出一派怆烈无边的孤苦心绪，读来极为动容，但由此我们也获悉，除了退而著书，您并无他事值得缕述。您不善言辞的致命天性，妨碍您从事当时炙手可热的职业：纵横家。当然，您曾对该种职业的从事者表达了鄙夷和有你没我的决心。说到沙场征伐，似乎无人能想象您的骁勇，您在攻城掠地上的记录一片空白。您和李斯同为大儒荀子的学生，但您是否有过升帐授徒之举，我不得而知，您可曾娶妻生子，司马迁亦无片言述及。在那个被您概括为“争于气力”的乱世，您仅凭一件看上去最为悠闲的活计——闭门著书——就引发一场国家间的战争，着实让人震惊。您日后将会面对的那个君主，即使在两千年后的今天，“千古一帝”的威名仍然赫赫高悬。当年，秦王因为某个机缘——是否与一桩间谍案有关？——读到大作，发出了一声与您的才华、心志最为般配的感叹：“嗟乎，寡人得见此人与之游，死不恨矣！”他接下来的举动，在古今求贤史上也值得大书一笔，那是一种连“求贤若渴”都不足以概括的超常行为：为了得到您，他向贵国发动了战争。

他如愿了，您呢？作为韩国公子，您对祖国的态度与那些奉行“良禽择木而栖”的纵横家大有不同，与楚国先贤屈原倒有几分相似。但是，韩国最为积弱的国力与韩王相对昏聩的能力，无助于您施展旷古绝今的抱负，则是必然的；韩国与强秦地理位置最近这个事实，意味着它最可能首当其冲地遭到鲸吞。您命定的纠结在于，您的思想只有依赖那个特定的人主，才有望横绝四海，而那位人主——秦王嬴政，恰恰最可能给贵国带来灭顶之灾。您的人生抱负与情感归宿，宿命地指向相反。秦王一统天下的伟略，只有先把贵国的城楼踩在脚下，才有望继续下一步，而您见到秦王后的第一道奏议，竟然要求他“存韩”。可以想见，即使您因为口吃而大打折扣的谈吐言语没有令秦王失望，您这道奏议，也够让他扫兴了。于是，恰在您有望大展宏图的那一刻，您为自己埋下了悲剧种子。

现在继续向您汇报司马迁的写法。他为您写的传记，总共不过一千六百来字，其中逾五分之四篇幅，全文抄录您的名作《说难》。这当然不是史传的规范写法，与司马迁在他处的写法也不相合。何以故？无他，司马迁以其天赋的洞察力，捕捉到了您最大的悲剧点，并重点加以渲染。您的人生使命和精神抱负，专在向君主陈计献策，您又深知言说的种种利害奥妙，最终，您仍因自己的不当言说而遽赴黄泉。惜墨如金的司马迁，遂不避重复，两次感叹道：“然韩非知说之难，为《说难》书甚具，终死于秦，不能自脱。”“余独悲韩子为《说难》而不能自脱耳。”

我们知道，在如何善待各类人才方面，您的生死冤家李斯，曾借助一篇理实气畅的名文《谏逐客书》，帮助秦王刷新了认识。根据这份认识，结合秦王对您文字有过的好感，尤其结合韩国与秦国悬殊的国力对比，要说秦王非要置您于死地，恐不无勉强。当然，即使从您的眼光看，所谓君主，也就是有权不按牌理出牌的人，有权三心二意、随心所欲、反复无常的人，用寻常的处事逻辑来考察普通人或许有用，施诸“威加海内”的君王，则过于天真。为此，我必须为秦王做出任何怪诞举动的可能性，留足余地。另外，李斯与您的关系，是否真到了必欲除之而后快的地步，已有资料亦不足信。司马迁还提及了另一个人：姚贾。您的事，他似乎难脱干系，但罅隙究竟因何而起，资料仍付阙如。大略而言，姚贾的纵横家特色，在您著名的“五蠹”分类里，倒是属于必除之人。退一步说，即使姚贾仅仅从大作里感受到了水火不容的敌意，并决定先下手为强，逻辑上也说得通。他当然可以推测，一旦秦王对您言听计从，留给他的人生选项，就只有在肢解、车裂或腰斩里任选其一了，连“毒药”的待遇都未必轮得上。人命关天，死生为大，他为此做出任何对您不利的事，都不足为怪。另外，留意您观点的读者也会发现，对您的不幸横死最有预见、最不会惊讶的，正是阁下本人。

如此，就得面对您的奇异学说了。韩非先生，您的学说并不复杂。在大作中，您曾两次提及《诗》里的句子“普天之下，莫非王土；率土之滨，莫非王臣”，依我愚见，您的态度是更进一层，主张一种“悠悠万姓，莫非王资”的帝王学。“王资”一词是您发明的吧？在《五蠹》中，您如此描述心目中的理想国：“故明主之国，无书简之文，以法为教；无先王之语，以吏为师；无私剑之捍，以斩首为勇。是境内之民，其言谈者必轨于法，动作者归之于功，为勇者尽之于军。是故无事则国富，有事则兵强，此之谓王资。”再结合您创造的“五蠹”“八奸”论，您的观点变得异常简单，就像后人曾毫不犹豫地假定“人人生而平等，是不言而喻的”那样，您决不含糊地假定：世界因为“人主”而存在，人主的统治欲望，既是世界的存在依据，也是人间的秩序法则。围绕这个前提，您把一切不利于人主统治的因素，无论知识层面的思想学术，还是道德层面的忠贞廉耻，都视为多余。在您“誉辅其赏，毁随其罚，则贤不肖俱尽其力”的论述中，您极为麻利地把庶民百姓都视为帝王的私家资产和私人工具了。所谓“俱尽其力”，改成“俱尽其畜力”，无疑更贴合您的定位：除了让他们像骡子般为“人主”尽力外，您不认为这些“细民”还有任何属于个体的存在价值及人生意义。为了完成这个学说，最终您不得不把除人主之外的所有人（即“贤不肖”），贬低并得罪个精光。首当其冲的是被您界定为“以文犯法”的儒生及“谈言者”纵横家，以下依次是“以武犯禁”的侠客、借依附贵族来逃避兵役的“患御者”及大量工商之民。在您视民众为“耕战”工具的既定认识里，这些人仅仅因为不能直接效命于“耕战”而被您定性为“邦之蠹”。您对人主的号召是：把他们都干掉吧。还包括“八奸”，“八奸”是您对“五蠹”的扩大化认识。伴随着这声号召，您也对仁义、智慧、贞信诸价值观下了驱逐令。不必说，在您的观点里，“愚民术”位居冲要之地，虽然秦王实施“焚书坑儒”时您已不在人间，但这个举措分明是对贵学说的遵奉和贯彻。同样，后人虽然把“罢黜百家，独尊儒术”的首倡者归在汉儒董仲舒名下，但其操作思路源自阁下，并无疑义。区别仅在于，您欲尊崇者，并非“儒术”而已。

贵主张的荒谬性，窃以为一目了然，其操作可能性，亦仅维系一人之身——那个被您认定具有“逆鳞”的人。您的学说充分激发了一位贪婪君主的潜能，借助这份潜能，您仰仗了一种理论上趋于无限的恐怖力量。任何一个有资格以“朕”自称的家伙，都可能被您的说法引逗得蠢血沸腾、心花怒放，就像秦王乍睹大作时那样。他乐呵地发现，您让他用“一而固”的严酷法律对待他人时，附带的条件只有一个：让他本人成为例外。人主非但没有遵守法纪、自我约束的义务，相反，您怂恿他玩弄权术。

除却这个，使贵学说得以施展腾挪的另一个原因，则与阁下超凡的思辨强力有关。不过在此之前，我且宕开一笔，说说您同样突出的治学态度。我百思不解的是，您的学说虽然具有违拗人性的特点，您对待学说的态度，却焕发着真理追求者的赤诚，仿佛您正在从事一项超功利的学术研究。您以“法术之士”自命，同时也看出了自己与“当涂之人”间“势不两立”的冲突，您认定自己操“五不胜之势”，为此还预言了日后“不戮于吏诛，必死于私剑”的命运（我再冒昧插一句，从秦王对您之死有所反悔这一点来看，您的生命终局，恐怕更适合理解成“吏诛”与“私剑”交加），然而，您仍然义无反顾地推销这套对您本人并无现实好处的学说，好像您是一位不计成败利钝的纯洁慕道士，谁知结合您的高见，您又偏偏对人间的种种功利算计了如指掌，同时又对这种在您身上展现得最为充分的学者品质持否定态度：依您的分类，这纯属“匹夫之美”，在“明主之国”里没有存在价值。若“以子之矛，攻子之盾”，您恐怕正在用一种自己曾断然否定其价值的学术态度，展示您的观点。这是您自相矛盾之处，矛盾的起因，恐怕源于贵学说自身的破绽，为了弥补破绽，您必须全力以赴，尽展平生所学。

为了把您不近人情、“惨礉少恩”（司马迁语）的思想表达清楚，您调动了自己状若蛟龙出海的思辨天才，我敢说，您的学说有多荒悖，您阐述学说的方式就有多熨帖人情。您一边向人主献上了一个貌似不食人间烟火的苛酷主张，一边又以一套遍历人间烟火的老辣语言，把它表述得无懈可击、娓娓动人——至少，听在人主耳朵里是这样。

结果，您甚至起到了相反的效果。按照您的学说走向，您必须视愚民术为既定方针，您是普天之下最不愿意承担“启蒙”之责的人，您是智慧之敌，但为了使自己的观点得到人主垂青，您在论证过程中又不得不借助强悍的说服力；您的阐述是如此出彩，以致最终竟违您所愿地起到了开启民智的功用。在汉语里，幸赖您的贡献，我们才知晓了何谓“矛盾”。通过对老子思想的分析，您又以近乎开天辟地的思维神力，让后人知晓“理”的存在：“道理”二字，直可视为您的遗产；甚至，连“想象”这个寻常心理活动，都是您通过一则寓言，将其固化下来的。尽管您戮力于使人蒙昧，但倘若没有您贡献出的这些重量级思辨概念，后人只会更加蒙昧。这是我不得不怀着别扭心情，对您大表感谢的。

无论您的学说乍看之下何等不切实际，您表述思想的方式，却有着惊人的实用性，您找到了“人性恶”这把犀利的刀笔，借助对人性的丰富体察，您将一切人际关系置诸利害平台上细细掂量。您具有罕见的语言天分，您触手逢春、随机映发的寓言种种，大概唯庄子可比；您环环相扣、绵密如链的逻辑力量，在您所处的时代罕有其匹。您是类比大师，不仅精擅此道，还尤其擅长揭橥他人（如慎到）类比不当。您“无参验而必之者，愚也；弗能必而据之者，诬也”的卓见，具有空谷足音般的科学求真精神，尽管您的本意倒绝非求真。这也是我不会像个别懒惰学者那样从您的话语里挖掘所谓积极意义的原因，我知道，您所有那些看上去值得后人借鉴的观点，在您自身的思维谱牒里，都指向了相反一极。如果允许后人以一种彻底的“断章取义”来决定您某些观点的取舍，他们甚至可能组装出一个慈祥的虎面娃娃。比如，个别糊涂汉曾将您的“法不阿贵”“刑过不避大臣，赏善不遗匹夫”的主张，从“法律面前，人人平等”的角度大肆升华，其实，您的本意恰恰不在此，而是意在贬低一切。您刑名术里的阳光成分，只是体现在执法层面，而在更重要的立法层面，您让立法者——那个有逆鳞的人主——躲进阴暗的幕后，就此而言，无论您的观点里偶尔闪烁出怎样的现代光芒，您骨子里实在不是一个现代人；何况，您那“杂反之学不两立而治”的骇论，亦使您彻底丧失了对多元价值的认可。我之不愿高估阁下，原因在此，虽然，您的“中道观”曾让我击节赞叹，并认定其中有着现代概率学的杰出认知，您对“前识”的阐述，也让我受益匪浅……

您具有超强的论证说理能力，但您的类比术里还是不无破绽，您对“参验”的强调，更像是一种见机行事，您无意也无力将其贯彻始终。在您的论证法术里，我分明看到一种“吾道二以贯之”的狡黠，您的方法终究难脱“到什么山唱什么歌”的权宜机变。即以阁下令人叫绝的寓言“守株待兔”为例，发明这则寓言固然体现了您的天才，但在“守株”的适用范围上，您还是犯了最低级的逻辑错误，当您仅仅因为那个宋人耕田者的蠹行就得出“今欲以先王之政，治当世之民，皆守株之类也”的结论时，您把概念偷换了个底儿掉，您用特称前提来支撑全称结论，不值智者一哂。您的精妙类比里总是夹杂着率性比附，您不仅漠视现象上的个别与普遍，还把现象上的偶合与规律上的一致搅成一锅粥。

我必须在此提及另一个妨碍贵学说持续生效的原因：秦国的迅速强大固然与您密不可分，但秦朝二世而亡的命运，您也难辞其咎。正是后者，导致后之“人主”对您的学说充满狐疑，他们再不敢像秦王那样，无所顾忌地加以吸纳。这对您的学说固然是一种不幸，对被您剥夺了生命意义的悠悠万姓，则不失为一个福音。当然，您终究是不凡的，在您辞世两千多年后的中国，依旧发生过一夜间令五十多万读书人遭受“邦之蠹”待遇的“反右”运动，“知识越多越反动”的说法亦曾数度甚嚣尘上，您对此一定大感欣慰。的确，这是您的骄傲，正如它是吾族吾民的耻辱。

我之前向您提及一个名字：苏格拉底。我以为，论思辨资质，您未必在他之下。您能把一个荒谬绝伦的思想阐述得令秦王大喜过望，且使其影响历两千年而不歇，倘若您志在启智化愚，功德定将不可限量。反观那位苏格拉底，老实说很多地方不如您，他虽然没有口吃，但相貌丑陋，家里还有个远近闻名的悍妇，生计亦不宽裕，死时还欠别人一只鸡，与您的韩国公子身份，相去甚远。他与您的根本不同处在于，您对君主有多忠诚，他对真理就有多虔诚；您对权谋有多热衷，他对正义就有多向往；您对愚民术有多狂热，他对智慧就有多爱戴。目标上的南辕北辙，导致您和他的成就最终判若两橛，不可以道里计。这是我为您最感惋惜的。您思维敏捷而灵魂黯淡，谁说“百无一用是书生”？您就是一位书生，您只是一位书生，君主只能用一杯毒药夺去您的肉身，您却能向他的大脑反施蛊毒，攫获其灵魂，并使自己的思想长盛而不衰。世人惯道“百代皆袭秦制”，秦制者何？韩非之“法、术、势”耳。与您相比，孔子常常更像一副泥胎木偶，聊供装点。呜呼，天何言哉！

书不尽意，意不称书。言贵求真，意贵合道。唐突之处，敬祈包涵。

即祝

冥安！

后学周泽雄拜上

2011 年 12 月 20 日

**图书在版编目（C I P）数据**

文心不雕龙 / 周泽雄编著. -- 太原 : 希望出版社,
2013.1
（“沐心”文丛）
ISBN 978-7-5379-6166-0

Ⅰ. ①文… Ⅱ. ①周… Ⅲ. ①中国文学－当代文学－文学评论－文集 Ⅳ. ①I206.7-53

中国版本图书馆 CIP 数据核字(2012)第 244528 号

**文心不雕龙**

作　　者: 周泽雄
出 版 人: 梁　萍
责任编辑: 柴晓敏
复　　审: 刘志屏
终　　审: 孟绍勇

出 版 者: 山西出版传媒集团·希望出版社
地　　址: 太原市建设南路 21 号
邮　　编: 030012
承 印 者: 山西人民印刷有限责任公司
开　　本: 889 × 1194　1/32
印　　张: 7.25
版　　次: 2013 年 1 月第 1 版
印　　次: 2013 年 1 月第 1 次印刷
书　　号: ISBN 978-7-5379-6166-0
定　　价: 21.00 元